DU BON USAGE DE LA VIE

« Espaces libres »

BERNARD BESRET

DU BON USAGE DE LA VIE

Albin Michel

Albin Michel
▪ *Spiritualités* ▪

Collection « Espaces libres »
dirigée par Jean Mouttapa et Marc de Smedt

Les hommes ne devraient pas tant réfléchir à ce qu'ils doivent faire. Ils devraient plutôt penser à ce qu'ils sont.

S'ils étaient bons et sages, alors leurs œuvres brilleraient dans toute leur splendeur. Si tu es toi-même juste, tes œuvres le seront aussi.

Mais ne crois surtout pas que l'on parvienne à la sainteté par ce que l'on fait : la sainteté doit être fondée plutôt sur ce que l'on est.

Car ce ne sont pas les œuvres qui nous sanctifient, mais c'est nous qui devons sanctifier les œuvres.

Si saintes qu'elles soient, elles ne nous sanctifient absolument pas parce que nous les accomplissons.

Il en est plutôt ainsi que, notre être et notre façon d'être étant justes, nous sanctifions ce que nous faisons : manger, dormir, veiller, etc.

Maître Eckhart

Avant-propos

Ecrire un traité *Du bon usage de la vie* présuppose d'avoir à l'esprit un archétype de la vie humaine, exprimée dans sa plénitude. En Occident, nous avons, à certaines époques, exalté le *héros*, le *chevalier* ou le *saint,* avant de mettre en avant l'homme engagé, le *militant* ou, sur un tout autre registre, l'*entrepreneur* accompli. D'autres cultures comme la culture de l'Inde se sont reconnues dans la figure du *renonçant* ou du *mystique* alors que celle de la Chine se reconnaissait plutôt dans celle du *sage*.

Il me semble aujourd'hui difficile de définir la plénitude de la vie humaine par un seul terme, une seule catégorie. A moins bien sûr que celle-ci ne porte déjà en elle-même une certaine complexité. L'univers, la vie en général et la vie humaine en particulier ne sont pas des réalités monolithiques. Elles résultent de l'interaction entre des polarités radicalement opposées et cependant si peu antinomiques qu'elles s'appellent l'une l'autre pour se féconder. D'un côté l'expansion, l'explosion, la pulsion impérieuse vers le multiple. De l'autre, la concentration, le resserrement, les diverses forces de gravitation qui imposent les contraintes de l'unité. D'un côté le *yang* et de l'autre le *yin*, selon les concepts développés depuis des millénaires par la philosophie chinoise et aujourd'hui popularisés en Occident.

Nous sommes tous, dans notre singularité, le fruit d'une fécondation de l'un par le multiple, le résultat d'une tension permanente entre un centre et une périphérie. Celui qui ne se pense qu'en termes de centre et d'unité s'expose à mourir étouffé, asphyxié, sclérosé et figé sur lui-même. Celui qui ne se pense qu'en termes de multiple, de conquête et de périphérie s'expose à mourir par éparpillement, par émiettement et par dispersion. Il ne s'agit pas non plus d'un équilibre statique entre l'un et l'autre, dans lequel les deux se neutraliseraient. Ce serait une autre forme de mort par suppression du courant entre les deux pôles. Non, il s'agit d'un processus constant, d'une respiration permanente entre l'ouverture et le recentrement.

Michel Serres, dans une conférence donnée à Tokyo en 1996, affirmait que notre identité résulte de l'empilement de nos appartenances à différents sous-ensembles de l'humanité. Nous sommes en effet la résultante des relations que nous tissons avec les autres, nous enrichissant personnellement à travers chacune d'entre elles, nous ouvrant ainsi progressivement à l'humanité dans la variété de ses aspects. Il en résulte ce paradoxe que nous construisons notre singularité en fonction de notre ouverture sur l'universel ! Plus je m'ouvre à d'autres personnes, à d'autres langues, d'autres cultures, d'autres civilisations, d'autres philosophies, d'autres religions, d'autres conceptions de l'art, et plus je me singularise par rapport à celui qui est resté enfermé dans le cercle restreint de ses connaissances (aux deux sens du terme).

L'ouverture appelle le recentrement. Le multiple n'est fécond que s'il est vécu dans l'unité. Ma tâche d'homme est de métaboliser le multiple pour en faire de l'un.

Le monde contemporain, sous l'influence de l'Occident, est de plus en plus tourné vers le multiple. Lcs nouvelles techniques de communication et d'information nous offrent le moyen d'une ouverture de tout instant, dans toutes les directions. Les sollicitations nous parviennent de toutes parts. Nous voudrions nous mobiliser sur tous les fronts. Subvenir à toutes les souffrances, du moins à celles dont les médias nous parlent, ignorant encore des pans entiers de l'humanité souffrante. Mais cette ouverture à la dimension de la planète risque de rester totalement vaine si elle n'est pas assumée par des êtres ayant la capacité d'y faire face sans perdre pour autant leur identité.

Cela vaut sur le plan individuel comme aussi sur celui de toutes les collectivités qui fournissent des éléments d'identité à un groupe d'hommes (parenté ethnique, communauté linguistique, appartenance religieuse, regroupement géographique). Elles doivent pouvoir s'ouvrir au reste du monde, sortir de leur isolement, s'enrichir au contact d'autres civilisations sans pour autant perdre leur identité profonde par mimétisme ou par simple nivellement.

La sollicitation exacerbée du multiple dans tous les domaines appelle donc un renforcement existentiel de l'un.

C'est par ce biais que le moine redevient, de façon inattendue, une figure d'une extrême actualité. Comme son nom l'indique, il est l'homme qui fait de l'unité l'objectif essentiel de sa vie [1]. Il est en quelque sorte l'archétype de cette dimension de l'humanité. Plus notre civilisation s'enivre de multiple, plus elle a besoin des valeurs de la vie monastique pour rétablir le rôle essentiel de l'un. Pour se structurer et grandir, l'homme a un besoin aussi impératif de la profondeur de l'un que de l'extension du multiple.

Peu importe la religion dans laquelle la vie monastique s'incarne, elle exerce un attrait accru sur nos contemporains. Le yoga, le qi gong, l'assise zen sont pratiqués en faisant le plus souvent abstraction du contexte religieux dans lequel ces pratiques sont nées : elles sont considérées comme des voies vers l'intériorité. Les hôtelleries des monastères, qu'ils soient catholiques romains, orthodoxes, bouddhistes tibétains ou vietnamiens, les ashrams hindouistes ou les dojos zen, ne désemplissent pas. Du coup, ces structures qui risquaient d'être trop refermées sur elles-mêmes deviennent des « monastères pour le monde [2] ». Des monastères au service de ceux qui, sans être moines, n'en sont pas moins désireux de retrouver les voies de l'unité pour eux-mêmes.

D'où la pertinence de la question : y a-t-il dans le mode de vie des moines des leçons à tirer pour ceux qui vivent en dehors des institutions monastiques ? C'est la conviction qu'affirmait Raimon Panikkar dans son *Eloge du simple. Le moine comme archétype universel*[3] et que, sous un autre angle, j'explorais à la même époque dans mon traité *Du bon usage de la vie* dont on retrouvera le texte ici. Cette conviction s'est imposée à moi dès mes premières années de vie monastique. J'ai raconté dans *Confiteor. De la contestation à la sérénité*[4] le rôle qu'a joué pour moi la méditation sur l'arbre de Porphyre dans la découverte que j'ai faite alors. A savoir que les exercices auxquels s'adonnent les moines, à la manière des pianistes qui pratiquent leurs gammes pour accroître leur marge de jeu, ces exercices qui constituent l'ascèse monastique proposaient aux hommes des outils pour avancer sur la voie de leur hominisation. L'ascèse les invite en effet à assumer en eux les niveaux d'organisation minérale, végétale et animale et à s'en servir de supports pour l'émergence de la conscience proprement humaine. Pour devenir conscients d'être conscients, devenir, à la limite, pure conscience en état d'éveil. Loin d'être les instruments d'une *mortification* (comme on avait tendance à les présenter alors), je découvrais que ces exercices (s'ils étaient bien compris et intelligemment mis en œuvre) étaient ceux d'une véritable *vivification*. Pour l'époque, cela avait des allures d'une petite révolution copernicienne ! Dom Jean Déchanet n'avait pas encore publié son *Yoga chrétien en dix leçons*, pas même sous le pseudonyme, adopté par prudence, de *Yogin du Christ.*

Quel chemin parcouru depuis !

De plus en plus nombreux sont aujourd'hui les hommes et les femmes en quête d'intériorité qui ont compris, à chaque stade de leur croissance spirituelle, que leur corps est leur meilleur allié[5]. Que ce n'est pas en le brusquant, en le mâtant, en le mutilant qu'ils avanceront sur le chemin de l'éveil, mais bien au contraire en le mettant au service de cette quête intérieure. Le rôle du jeûne et de l'alimentation, du bon fonctionnement du diaphragme, du souffle, de la respiration, du chant, du silence, dans l'apaisement intérieur et l'ouverture à des niveaux de conscience plus subtils, est de mieux en mieux connu et exploré.

Inversement, nombreux sont aussi ceux qui, en quête d'une meilleure santé, ont recours à des pratiques, en d'autres temps, considérées comme réservées aux moines. En matière de diététique, toutes les écoles, quelles que soient par ailleurs leurs divergences, s'accordent pour recommander la *frugalité*. Plusieurs d'entre elles recommandent par ailleurs un *jeûne* régulier, voire des jeûnes prolongés. Le carême ou le ramadan révèlent ainsi, sous-jacente à leur signification religieuse, une valeur quasi médicale. Les vertus anti-stress de la méditation sont maintenant scientifiquement étudiées, indépendamment de la croyance ou non en un Dieu révélé de ceux qui la pratiquent. Plusieurs des techniques d'origine religieuse citées plus haut (yoga, qi gong, assise zen) sont aujourd'hui recommandées pour leur efficacité thérapeutique.

Ce double mouvement peut entraîner des confusions et même engendrer un certain désarroi chez ceux qui n'ont pas saisi combien l'homme est une réalité indivise dans laquelle tout événement vécu à un certain niveau a des répercussions sur les autres niveaux. Une demi-heure de méditation est certes avant tout une activité à caractère spirituel. Mais, par surcroît, elle a une valeur d'apaisement sur le psychisme de celui qui médite ainsi que des effets bénéfiques sur sa santé corporelle. Inversement tout ce qui agresse le corps ou perturbe le psychisme peut avoir des effets négatifs sur la vie spirituelle de celui qui les subit. A moins bien sûr qu'il ne sache les transformer en épreuves qui l'aident à se dépasser et à grandir.

Si l'on fait abstraction des formes anachroniques ou exotiques que les traditions ascétiques peuvent encore revêtir aujourd'hui dans certains monastères, on peut constater que ces traditions créent les conditions favorables à l'éveil de la conscience. Elles constituent un guide pour l'homme en quête de son unité intérieure dans un monde dispersé. L'objet de ce livre est de les explorer et d'en tirer avantage pour la vie de tous les jours. Nous avons là un véritable patrimoine de l'humanité encore trop peu exploité !

Le monde occidental contemporain a donc paradoxalement besoin de ces moines qui lui semblent si étrangers mais qui incarnent de façon explicite une dimension essentielle de toute vie humaine, dimension mise à rude épreuve et même en péril par le mode de vie que ce monde développe et propage sur la planète entière.

On peut éventuellement regretter qu'il faille se plier, dans chaque monastère, au particularisme que constitue la religion à laquelle il appartient. D'une façon générale, on ne trouve pas de monastères qui soient affranchis de toute attache religieuse particulière. Certains, comme Taizé, estompent leur définition confessionnelle (du moins au sein du christianisme). D'autres lieux, comme La Commanderie[6], sont ouverts, sans syncrétisme, à la pratique de différentes traditions. Mais ce sont des exceptions.

Il y a aussi le cas particulier de la franc-maçonnerie. J'ai souvent été invité à comparer la vie monastique et la vie maçonnique. Elles ont en effet beaucoup de points communs, ce qui explique que beaucoup de monastères en panne d'idéal au début du XVIIIe siècle aient choisi de se doubler de loges maçonniques, du moins avant la condamnation de celles-ci par Clément XII en 1738[7]. Deux points fondamentaux cependant les distinguent. La vie monastique exerce une emprise globalisante sur la vie de ses membres à la différence de la vie maçonnique qui respecte une respiration entre la vie à l'intérieur et à l'extérieur du temple (les tenues n'ayant lieu qu'une ou deux fois par mois). Et, d'autre part, la vie maçonnique est tout orientée vers la maîtrise de la parole (proclamée et écoutée) alors que la vie monastique est, elle, orientée vers l'apprentissage du silence intérieur.

En dehors de ces expériences singulières et – pourquoi pas ? – en relation avec elles, ne pourrait-on légitimement souhaiter la fondation d'un nouveau type d'ordre monastique qu'on pourrait qualifier de « laïc » ? L'idée peut paraître étrange mais la vie monastique, en elle-même, n'est-elle pas *trans-religieuse* ? Elle n'appelle nullement l'adhésion à tel ensemble de croyances plutôt qu'à tel autre. Chacun des membres de cet ordre d'un nouveau genre resterait, selon le principe de la laïcité, libre d'appartenir à la religion de son choix ou de n'appartenir à aucune. De croire en un Dieu révélé ou de n'y pas croire. De qualifier comme il l'entend le fondement ultime du réel : matière, énergie, vide-néant ou au contraire vide plein de conscience.

Cet ordre ne prendrait pas en charge la totalité de la vie de ses membres, mais leur proposerait régulièrement des temps forts d'intériorité. Les outils qu'il mettrait en œuvre seraient orientés, au-delà de la maîtrise de la parole, vers l'apprentissage du silence et de la paix intérieurs : dépassement des mots, du raisonnement et de toute activité mentale pour accéder au fond du fond du réel, à ce vide qui se révèle, pour qui en fait l'expérience, comme une indicible plénitude. Le présent traité *Du bon usage de la vie* pourrait déjà lui fournir un premier inventaire des outils qu'il serait susceptible de mettre en œuvre.

Ses membres repartiraient ensuite vivre leurs multiples engagements dans la société en ayant rééquilibré leurs vies menacées d'éclatement par ces temps forts au cours desquels la recherche de l'unité redeviendrait l'essentiel. On l'aura deviné : je rêve ici d'un ordre dont les structures pourraient s'inspirer de celles de la maçonnerie, à la fois exigeantes et souples, mais dont la finalité serait explicitement monastique tout en restant strictement laïque.

Au-delà de ce rêve qui n'est peut-être qu'utopie, j'ose espérer faire œuvre utile en mettant à la portée de tous les outils que, de génération en génération, des myriades de moines, de toutes confessions, sur tous les continents, ont transmis au monde contemporain. Ils nous invitent à métamorphoser chaque acte de la vie quotidienne en geste pleinement humain, porteur de sens et d'efficacité. Ils nous appellent à devenir des consciences éveillées en nous rappelant les exigences de l'unité intérieure et en nous aidant à mieux faire respirer en nous l'un et le multiple.

Paris, octobre 2005

1

Du bon usage de ce livre

Ami lecteur à qui j'adresse ce livre comme un compagnon de route, sens-toi libre de le refermer dès cette première ligne si déjà tu n'es plus en chemin.

Si tu as suivi la voie jusqu'à déjà atteindre l'Inaccessible,
si tu es parvenu à la connaissance unitive de l'Un,
si ta conscience est éveillée à la conscience éveillée du monde,
si tu n'es plus que pure manifestation du Soi parmi nous,
épiphanie du réel ultime,

alors, selon le conseil de saint Augustin, *fac quod vis*, tu peux « faire ce que tu veux ».

Tu n'as plus à t'encombrer de règles ou de rites.
Tu n'as plus à te préoccuper du bon usage de la vie. Tu ne saurais plus en faire de mauvais.
Tu es libre comme l'air,

libre comme le souffle,
libre comme l'esprit.

Par contre, si tu te sens toujours en chemin, si, chaque matin, tu as le sentiment de n'en être encore qu'au commencement, de n'être qu'un perpétuel novice, qu'un perpétuel apprenti, si tu sens que, laissé à ton inspiration, tu ne fais que te disperser, te divertir (c'est-à-dire partir sur des sentiers latéraux où tu risques de t'égarer), si tu ressens le besoin de quelques repères, de quelques panneaux d'orientation, de quelques signaux, alors peut-être trouveras-tu un certain bonheur à la lecture de ce guide qui te propose un itinéraire, parmi tant d'autres, pour avancer sur le chemin de l'éveil.

Il n'a pas la prétention de se prendre au sérieux. Il sait trop que tout ce qui n'est pas l'Absolu n'est que relatif. Relatif à une langue, une culture, un contexte géographique et historique donné, relatif à l'auteur qui s'exprime, à son histoire personnelle et à sa manière singulière d'envisager les choses, même si son intention sincère est de s'effacer dans toute la mesure du possible et de se laisser traverser par une tradition dans laquelle il a baigné une bonne partie de sa vie, la tradition monastique, qui le dépasse de tous côtés [1] comme elle dépasse les différentes religions dans lesquelles elle s'est glissée et dont elle s'est revêtue au cours des quelques millénaires de l'histoire connue.

Est moine, *monakos*, celui qui désire que le pluriel qui l'habite cède peu à peu la place à l'Un qui le fonde. Celui qui tend à l'unité en lui-même, à l'unité avec les autres, à l'unité avec la planète qui le porte, à l'unité avec le réel qui le soutient dans l'être. Cette quête de l'Un devenue l'essentiel de la vie et faisant d'un homme ou d'une femme un moine en devenir, un *monos*, un *monakos*, un *unifié*, n'est le propre d'aucune religion en particulier. On la trouve certes chez les chrétiens dès le IVe siècle de notre ère, mais on la trouve aussi chez les bouddhistes ou chez les hindouistes. Même la tradition juive, particulièrement attentive à ne pas superposer une « élection » particulière à celle du peuple élu, semble l'avoir connue au moins avec certains des esséniens.

Selon les civilisations et les cultures, elle peut prendre des formes différentes et faire appel à des techniques ou à des modes de vie assez diversifiés, mais, dans son orientation essentielle vers l'essentiel, elle se laisse reconnaître sans grande difficulté. Derrière le discours officiel dont les thèmes et le vocabulaire varient évidemment de religion en religion, se retrouve le noyau dur d'un art de vivre tout entier tourné vers l'éveil de la conscience. Derrière la rigueur de la discipline, se révèle une extrême disponibilité au souffle de l'esprit. Derrière des rituels singuliers, se retrouve l'universalité de l'homme confronté à son destin. Derrière les images hautes en couleur qui divertissent les touristes, se cache une véritable conception de l'homme, de sa fin, et des moyens pratiques à mettre en œuvre pour s'en approcher.

Bref, derrière le folklore se cache une anthropologie.

Plus de vingt ans de vie monastique m'ont donné la conviction que celle-ci recèle derrière ses murs de clôture et ses anachronismes, derrière ses vêtements et ses horaires d'un autre âge ou d'un autre monde, des trésors qui ne lui appartiennent pas en propre, mais qui appartiennent au patrimoine de l'humanité. Nous n'avons aucune raison de nous en priver sous prétexte que nous ne vivons pas dans une institution monastique.

Ne sommes-nous pas nombreux, hommes et femmes, d'Orient et d'Occident, de tous âges et de toutes conditions, appartenant ou non à une religion, à tendre, par-delà la superficialité de nos existences dispersées, à l'authenticité d'une vie ancrée dans la profondeur de l'être et, par là même, rayonnante d'efficacité pour la transformation du monde ? Ne sommes-nous pas nombreux à aspirer à cette unité essentielle qui, au-delà de tous les signes distinctifs extérieurs, définit le vrai moine ?

Quand l'évangile de Thomas met dans la bouche de Jésus une béatitude à l'intention des *monakoi*, il est peu probable qu'il s'adresse aux moines définis par des institutions qui n'existaient guère à l'époque, mais bien à tous ceux qui sont en quête de leur unité intérieure et dont nous faisons partie, toi et moi.

Bienheureux êtes-vous, monakoi,
parce que vous trouverez le Royaume.
Comme vous êtes issus de lui
vous y retournerez.
(*Evangile selon Thomas*, logion 49.)

Ce livre sur le bon usage de la vie est donc une tentative de réappropriation de la sagesse monastique, décantée si possible de toute allégeance à un discours religieux particulier. Il s'adresse à tous ceux qui désirent avancer sur le chemin de l'éveil sans pour autant choisir de se couper du reste du monde en allant vivre dans un monastère. Son ambition est d'esquisser, à partir de la tradition monastique, mais sans s'enfermer en elle, un art de vivre à orientation spirituelle qui soit aussi un art de vivre pour notre temps[2]. Une règle de vie, en quelque sorte, même si le mot « règle » évoque une linéarité et une rigidité qui sont, l'une et l'autre, étrangères à son propos.

Il en résulte une sorte de puzzle en ordre dispersé – certains diront peut-être un bric-à-brac ! – qui se voudrait une boîte à outils, un assemblage de moyens. Nullement une fin en soi. Mais cette restriction essentielle ne les prive pas pour autant de leur éventuel mérite de moyens.

Le problème serait plutôt de savoir si, en tant qu'êtres humains, nous avons vraiment besoin de moyens pratiques pour atteindre notre fin ultime qui est d'ordre spirituel. Inépuisable débat qui valut déjà à Pélage, moine grand-breton, d'être traité en hérétique puis réhabilité et enfin définitivement condamné au début du Ve siècle de notre ère[3]. Débat qui n'a cessé de se renouveler de génération en génération. L'intégrité de notre être n'est-elle qu'un don à l'état pur (ce qui se dit « grâce » en langage chrétien) ou pouvons-nous en faciliter l'avènement en nous par nos propres moyens ?

J'aborderai la question dans le premier chapitre de ce livre. Si possible avec bon sens, ce qui est sans doute la forme la plus utile de philosophie, mais sans prétendre pour autant la traiter au fond car cela requerrait des compétences historiques, philosophiques (au sens universitaire du terme) et théologiques qui n'ont jamais été ou ne sont plus les miennes.

Pour moi, tout part d'un postulat fondamental, d'une conviction que je ne saurais imposer à quiconque mais qui s'impose à moi avec la force de l'évidence intérieure. Tout ce qui existe dans l'univers des phénomènes que nous percevons et auxquels nous appartenons est soutenu dans l'être, en chaque instant de son existence, par le réel ultime qui le fonde. Et cela, quelle que soit la nature de ce dernier, vide ou plénitude, ou peut-être même les deux à la fois, car à ce niveau nous ne pouvons pas exclure, mais au contraire pressentir, la coïncidence des contraires.

Notre relation à cet ultime fondement du réel est si radicale, si primordiale (c'est-à-dire qu'elle vient en tout premier lieu, avant toute autre spécification de ce que nous sommes), qu'elle court-circuite toutes les médiations humaines possibles. Tout nous est donné dans l'instant et notre travail spirituel consiste seulement à laisser émerger cette relation fondatrice et universelle au niveau de notre conscience personnelle.

Voilà qui relativise considérablement la mise en œuvre de moyens qui supposent la durée, impliquent la persévérance et se déploient nécessairement dans l'espace et le temps.

Cependant, s'il est vrai qu'aucun art de vivre ne peut prétendre nous conduire, par lui-même, à la perception de ce que nous sommes déjà, à la racine de notre être, il ne s'ensuit nullement que n'importe quelle manière de vivre vaut n'importe quelle autre. Il en est qui nous rendent lourds et opaques et nous entraînent par un effet de spirale du côté de la pesanteur. Il en est d'autres au contraire qui nous rendent légers et transparents et qui, par un autre effet de spirale, nous prédisposent à l'émergence de la conscience. A la manière d'une fleur qui s'ouvre. Ou encore d'un diaphragme au mécanisme inversé, qui s'élargirait toujours un peu plus pour laisser passer la lumière.

A nous de choisir. Nous sommes en effet responsables de l'art de vivre que nous nous forgeons par petites touches au fil des ans. Responsables de notre art de vivre, de notre art de vieillir, de notre art de mourir. De cela nous sommes comptables et cela est loin d'être négligeable.

Le fait que le réel ultime fonde en nous à la fois *l'être, le mouvement et la vie*[4] ne nous dispense ni d'être, ni d'agir, ni de vivre. Il pose au contraire les conditions de notre action. Pour nous, êtres humains, il pose par là même les conditions de notre responsabilité et donc de notre vie morale. Cela vaut dans tous les domaines. Je ne vois pas pourquoi la quête de l'éveil échapperait à cette règle générale. Pourquoi, dans ce domaine – et dans celui-là seulement – nous n'aurions pas à prendre notre vie en mains, aussi efficacement que possible. Si nous sommes responsables de notre hominisation, c'est-à-dire de notre accès à la plénitude d'une vie humaine[5], comment se ferait-il que nous ne soyons pas responsables de la pousser jusqu'à son achèvement, à savoir jusqu'à l'émergence en nous de niveaux de conscience de plus en plus subtils ?

Si, comme l'affirme la sagesse populaire, c'est en forgeant que l'on devient forgeron, c'est aussi en s'exerçant à l'éveil de la conscience, en créant en soi et autour de soi les conditions favorables à son développement, que l'on met de son côté les chances de devenir un jour un « éveillé ». Il ne s'agit pas de conférer à nos moyens humains un pouvoir quelconque sur l'Absolu, mais de reconnaître le rôle qu'ils peuvent jouer pour créer les conditions de son émergence au niveau de notre conscience.

N'est-il pas précisément de notre nature d'entraîner la nature jusqu'au dépassement d'elle-même ? Non pour la violer mais bien plutôt pour l'exhausser, la hisser de niveau de conscience en niveau de conscience, jusqu'à la conscience de ce qui la fonde ? Jusqu'à la conscience de n'être rien en soi-même. De n'exister que comme manifestation du réel qui lui est sous-jacent – comme il est sous-jacent à tout ce qui existe.

Pour exalter cette finalité de l'homme, certains ont cru devoir parler de « surnature ». Je ne vois pour ma part aucune raison d'inventer ces concepts de « surnature » et de « surnaturel » pour rendre compte de cet achèvement de la nature de l'homme. En effet, il me semble être de notre nature même d'accéder aux plus hauts niveaux de conscience. Si très peu parmi nous y parviennent, c'est que nous avons baguenaudé le long du chemin, que nous nous sommes laissé accrocher, que nous avons renoncé à aller jusqu'au bout de nous-mêmes, jusqu'au bout de notre aventure « naturelle » qui est de laisser consciemment transparaître le réel ultime en tout ce que nous sommes, agissons et vivons.

Si je rejoins dans son refus du « surnaturel » mon compatriote du Trégor Ernest Renan, je ne partage pas pour autant ses raisons. Au nom d'un positivisme scientifique, très compréhensible au XIXe siècle, il refusait a priori la possibilité de ce que nous appelons couramment des miracles. En ce qui me concerne, je suis plutôt porté à penser que ceux-ci n'apparaissent comme tels que parce que nous ne poussons pas l'aventure de l'esprit jusqu'au bout. Si nous exploitions notre « nature » dans toutes ses dimensions, il est probable que nous verrions ce que nous appelons encore « miracles » se multiplier sous nos yeux. Surtout dans le domaine de la guérison.

Ainsi le choix que nous faisons d'une manière de vivre n'est pas sans importance pour la qualité de ce que nous vivons. Ainsi s'ouvre un espace pour un art de vivre, et se pose pour nous la question du *bon usage de la vie.*

S'il m'arrive, dans ce livre, de conjuguer les verbes à l'impératif et de formuler mes conseils sous une forme quelque peu directive, n'oublie jamais, ami lecteur, que *la lettre tue et que seul l'esprit vivifie* (2 Cor. 3, 16). La lettre nous est certes nécessaire pour communiquer. Refuser ses services risquerait de nous faire régresser vers le mutisme qui est en deçà de la parole. Mais le fait d'y recourir ne doit à aucun instant nous faire oublier qu'elle n'est qu'un outil, un instrument, un moyen pour atteindre une fin qui, elle, est d'un autre ordre. Ce livre n'est donc pas à prendre au pied de la lettre. S'il te propose une règle de vie, son but ultime est de t'amener à te passer de toute règle. D'arriver à vivre dans l'extrême liberté de l'esprit. L'abbaye virtuelle qu'il décrit se veut plus proche de celle de Thélème, rêvée par Rabelais au XVIe siècle, que de la Trappe, réformée par l'abbé de Rancé au siècle suivant.

Le bon usage de ce livre est de le prendre comme un guide, utile je l'espère, pour sortir du port. Nous n'en aurons plus l'usage dès lors que nous aurons gagné le large et que nous naviguerons au seul souffle de l'esprit.

Par ailleurs, il ne prétend nullement à l'exhaustivité. Bien des aspects de la vie n'y sont pas abordés qui ne lui sont pas moins essentiels. Je ne prétends pas tout dire du bon usage de la vie. Des pans entiers restent dans l'ombre que d'autres, à partir de leur expérience, sont mieux que moi à même d'éclairer. Un autre point de départ, un autre angle d'attaque, un autre point de vue auraient immanquablement conduit à un tout autre livre. Je ne fais que t'en « livrer » ma propre version. A toi ensuite d'élaborer la tienne.

De plus, chaque chapitre, à lui seul, aurait pu faire l'objet d'un ouvrage spécifique s'il avait donné lieu à une enquête approfondie. Je me suis borné ici à donner mon sentiment, à livrer des convictions élaborées davantage à partir de mon expérience qu'à partir d'une recherche systématique. Celle-ci aurait éventuellement permis de les étayer ou, au contraire, dans certains cas que j'espère peu nombreux, m'aurait peut-être obligé à les remettre en question.

Ce travail d'investigation reste à accomplir, à la fois dans un esprit d'ouverture qui ne laisse aucune hypothèse inexplorée, et dans un esprit critique qui passe tout au crible de la cohérence et de l'intelligibilité. Double exigence, rarement respectée, mais qui me semble pourtant essentielle à tout discernement. Un tel travail dépasse la compétence d'un seul homme. Il ne peut être que le fruit d'une recherche pluridisciplinaire, voire transdisciplinaire, qui reste à entreprendre.

Je me borne ici à en rédiger l'introduction.

2.

Du bon usage du réel

Face à notre existence et à l'ensemble du monde qui nous environne, la question qui se pose à nous en tout premier lieu est celle de la nature du réel dont nous faisons partie. Qu'en est-il réellement du réel ? Quelle est sa consistance ? Celle du roc ou celle d'une ombre ? Sur quel abîme débouche-t-on quand on explore l'infiniment petit, l'infraparticulaire ? Quelle est la nature de cette énergie dont on nous dit qu'elle est un équivalent matière ? A ce niveau, que désignent réellement les mots d'*énergie* et de *matière ?* Dans quel océan se perd-on quand on explore l'infiniment grand, l'univers des myriades de galaxies en expansion et de leurs zones mystérieuses ? La vitesse de la lumière est-elle indépassable ? Et qu'advient-il de ce que nous appelons matière lorsqu'elle est atteinte ?

Dans quelle mesure le monde de mon expérience quotidienne existe-t-il en dehors de la représentation que je m'en fais à travers la perception de mes cinq sens et de l'interprétation que mon cerveau veut bien m'en donner ? Mais alors la question rebondit.

Quelle est la réalité de mon cerveau et la fiabilité de ses interprétations ? Si tout cela n'est qu'une construction mentale, une forme d'illusion, quelle est la consistance de cette illusion, son ultime fondement ?

Depuis que l'homme réfléchit, il est affronté au mystère du réel. C'est contre la réalité du monde qu'il se cogne. C'est sa propre réalité qui lui fait problème. C'est face à tous ces phénomènes qu'il est en quête de sens et se heurte à l'éventualité du non-sens. L'interrogation naît de ce que nous sommes.

Elle peut être source d'angoisse. Nous sommes tous, ou du moins presque tous, habités par des angoisses liées au seul fait d'exister. Certains parmi nous ne les supportent pas et finissent par s'effacer de ce monde en se suicidant. Les plus nombreux emploient l'essentiel de leur vie à s'en divertir. Ils finissent par être trop occupés par leurs habitudes, leurs obligations familiales, leurs tâches professionnelles, les causes auxquelles ils se dévouent, pour trouver le loisir d'y faire face. *Ambulent, ambulent, ne tenebrae comprehendant.* Ils marchent, ils déambulent, pour ne pas avoir à affronter les ténèbres.

Seuls ceux qui ont le courage de faire face au réel, lucidement, peuvent exorciser cette angoisse et devenir des hommes et des femmes de foi. C'est-à-dire des hommes et des femmes qui font confiance au réel, quelle qu'en soit la nature ultime. Il est en effet dangereux de s'accrocher à des croyances et à des illusions, mais libérateur d'accepter de se confronter au réel.

Si tu veux vivre ta vie en plénitude, bannis de toi toute crainte. N'aie jamais peur. Jamais peur du réel, quel qu'il soit.

Du bon usage des sciences et de la connaissance

Face à l'opacité du réel, l'humanité, au fur et à mesure qu'elle s'éveillait à la conscience d'exister, a amorcé deux démarches pour essayer d'en percer le mystère. Deux démarches qui se sont progressivement séparées l'une de l'autre jusqu'à finir, au fil des millénaires, par apparaître contradictoires. Leur opposition n'a cessé de s'accélérer au cours de ces derniers siècles, surtout en Occident. Elles constituent encore aujourd'hui deux approches radicalement différentes du réel.

En se tournant vers l'extérieur et en étendant systématiquement son observation des êtres et des choses, l'homme s'est mis à analyser leur mode de fonctionnement, à établir entre les phénomènes des relations de cause à effet, à construire des modèles d'interprétation du monde. C'est ainsi qu'est née peu à peu la démarche scientifique. Elle a permis un décodage de plus en plus fin des processus naturels, une pénétration toujours plus profonde dans l'intelligence des phénomènes qui nous entourent et qui nous constituent. Elle a entraîné la conquête d'une certaine maîtrise technique sur nous-mêmes et sur notre environnement. La civilisation dont nous jouissons actuellement dans nos pays encore appelés industrialisés est en quelque sorte le sommet scientifico-technique de cette démarche « exo-térique », c'est-à-dire tournée vers l'extérieur.

Par ailleurs, en se tournant vers l'intérieur de lui-même et en étant de plus en plus attentif à sa perception de l'être, l'homme est parvenu à la conviction que tout ce qui existe est redevable d'un réel sous-jacent qui le dépasse totalement. D'un réel qui est d'un autre ordre. Qui ne se laisse pas emprisonner dans les catégories d'espace et de temps à travers lesquelles nous interprétons l'expérience que nous faisons du monde. Un réel qui est de l'ordre de l'indicible. Certains hommes sont ainsi parvenus à la conviction que le visible a sa racine dans une conscience invisible, que tout ce qui existe est l'expression plus ou moins densifiée, opacifiée, d'une pensée qui le précède, non pas seulement en termes de temps mais surtout en termes de réalité. Ainsi est née la démarche que j'appelle « ésotérique » au sens étymologique du terme, c'est-à-dire tournée vers l'intérieur, préoccupée avant tout d'entrer dans l'intelligence du dedans des êtres et des choses, de sonder les profondeurs de leur être et d'en dégager l'ultime signification [1].

D'un côté les sciences, de l'autre la connaissance. Jusqu'à ce jour, ces deux démarches, exotérique et ésotérique, trop hâtivement esquissées ici, se sont exclues l'une l'autre. La première, tel un bulldozer, ouvrant la voie du progrès technique, la seconde semblant refermée sur elle-même et condamnée à répéter sans fin les données de la tradition qui transfère, de génération en génération, les intuitions fulgurantes perçues dans le passé. L'une conquérante. L'autre apparemment stérile.

Les choses se sont encore compliquées avec la constitution de religions qui ont structuré, figé, codifié, les intuitions de la tradition telles qu'elles pouvaient s'exprimer en un temps déterminé, dans un lieu particulier et en fonction d'une culture donnée. Ces religions ont ainsi conféré à leurs institutions, et à leurs formulations nécessairement relatives de la vérité, une valeur d'absolu. Allant jusqu'à prétendre détenir, de façon objective, immuable et universelle, le dernier mot sur le comment des choses. Au nom de leur vérité qu'elles considéraient comme *la* Vérité, elles se sont crues autorisées à imposer aux penseurs et aux chercheurs leur version, anachronique parce que datée, du réel.

Cette extrême matérialisation, dans des institutions humaines à caractère juridique et au pouvoir parfois coercitif, de ce qui aurait dû rester de l'ordre de l'indicible, de l'ordre du subtil transmis de conscience à conscience, devait inéluctablement conduire à la catastrophe. L'ésotérique se dégradait en exotérique sans adopter les méthodes scientifiques qui seules fondent sa légitimité, le seul argument retenu n'étant plus que l'argument d'autorité. L'Occident chrétien a ainsi connu le règne de la censure et de l'Inquisition, qui ne pouvait que provoquer une violente réaction. Trop de penseurs en quête de liberté, trop de « déviants » en ont fait les frais, jusqu'à en mourir brûlés sur des bûchers. Ils attendent encore aujourd'hui ne serait-ce qu'un geste de réhabilitation. Je me sens pour ma part solidaire de tous ceux que les autorités en place dénonçaient comme hérétiques, comme sorciers ou sorcières pour pouvoir les éliminer en toute légalité. En toute bonne conscience. Même si le fait d'être hérétique ne confère en lui-même aucune infaillibilité, même si le fait d'être dénoncé comme sorcier ou sorcière ne confère pas automatiquement des qualités chamaniques, dans mon panthéon personnel ils sont les « saints » dont j'honore la mémoire en premier lieu parce qu'ils sont les martyrs de la liberté d'agir et de penser.

Au XIIe siècle, les Arabes, qui étaient alors les véhicules de la culture, introduisirent en Occident la pensée aristotélicienne. Son adoption par l'Eglise romaine au XIIIe siècle provoqua – du moins par sa partie logique, à portée universelle, et non par sa partie cosmologique, liée elle-même à l'état des connaissances de son époque – une première faille dans le système. Faille que la Renaissance et la Réforme vont amplifier jusqu'à donner naissance à la science moderne dont toutes les conquêtes vont désormais se réaliser comme autant de victoires sur l'obscurantisme religieux. Victoires orchestrées ensuite par la philosophie des Lumières. C'est ainsi qu'est né le mouvement de sécularisation qui caractérise notre société occidentale : mouvement de conquête de l'autonomie du monde profane par rapport à un domaine supposé sacré, dédaigneusement laissé aux bons soins des religions et dont les limites rétrécissent de siècle en siècle, comme une peau de chagrin.

Cette lutte légitime contre l'emprise des institutions religieuses s'est accompagnée, sans discrimination, d'un rejet complet de toute recherche qui suivrait les voies de l'intériorité. L'accroissement du champ des connaissances s'est effectué, en toute bonne conscience, aux dépens de la transmission et de l'approfondissement de la Connaissance. En élucidant les énigmes du monde, nous avons cru en résoudre le mystère. En nous émancipant, à juste titre, des tutelles religieuses qui, à travers leurs dogmes, prétendaient indûment à un magistère concurrent du magistère universitaire, nous avons, en bloc, évacué la dimension ésotérique de la vie. Sa dimension intérieure.

Par réaction. Par malentendu. Par erreur. Sans doute sommes-nous, dans la crise que traversent actuellement nos sociétés, en train d'en payer le prix. Espérons que nous sommes simultanément en train d'en vivre les derniers épisodes.

Entendons-nous bien, mon souhait n'est nullement que nous fassions marche arrière. Il n'est pas question de gommer les siècles que nous venons de vivre. Dans l'évolution de notre civilisation, ils ont accompli une tâche qui était à accomplir. Ils ont opéré une purification. Une catharsis. A leur insu, ils ont libéré la Connaissance des mains de ceux qui prétendaient en détenir les clés. De ce point de vue, nous devons même pousser leur logique jusqu'à son terme. Mais, en contrepartie, ils nous laissent aujourd'hui démunis. Comme des hémiplégiques. Tout un pan de notre vie est paralysé. Nous sommes submergés de connaissances, mais nous avons perdu les voies de la Connaissance. Nous avons besoin de rééducation. Il nous faut réapprendre à respirer. Apprendre à récupérer les deux temps qui devraient rythmer toute vie humaine, à savoir l'exploration du vaste monde jusqu'en ses périphéries les plus lointaines (et pas seulement dans le sens spatial du terme) et le retour au centre ; l'ouverture sur l'extérieur et le recueillement dans l'intériorité de la conscience ; l'extension de nos savoirs et l'intensification de la connaissance que nous pouvons avoir du réel quand nous sommes pure attention à ce qui est.

Il nous revient de réconcilier science et conscience, et pas seulement au sens moral du terme. Par-delà la prétention des religions à gérer notre intériorité. Il nous revient de réconcilier connaissances et Connaissance, progrès scientifique et technique et réceptivité aux messages que peuvent encore nous transmettre les traditions, si nous savons relativiser le côté nécessairement conditionné de leur expression.

Pour que nos connaissances ne nous conduisent pas jusqu'au fond du gouffre, nous avons à réapprendre le bon usage de la Connaissance.

Du bon usage du profane et du sacré

Mais qu'advient-il, dans ce contexte, de la répartition des réalités du monde en profanes et sacrées ? Les premières sont-elles du domaine exclusif de la science et les secondes du domaine réservé des religions ? J'ignore à quelle époque remonte cette distinction qui ne me semble pas rendre compte de façon pertinente de l'expérience que nous faisons du réel.

Si aucun des phénomènes que nous connaissons ne peut s'identifier au réel ultime qui les fonde puisque celui-ci est d'un autre ordre, alors tout ce que nous connaissons, absolument tout, sans exception, est profane. Le réel ultime n'échappe pas seulement à notre expérience quotidienne. Il échappe aussi à la sagacité des chercheurs les plus avancés. Quand ils s'en approchent, ils en parlent comme du « réel voilé », de la « mélodie secrète », de l'« ordre impliqué » sous-jacent à l'ordre expliqué ou déployé que nous connaissons du monde.

Par contre, tout ce qui existe, absolument tout, sans exception, est soutenu dans l'être par le réel ultime qui le fonde. Ce qui fait dire aux bouddhistes que la nature de Bouddha est autant dans la crotte de chien que dans le diamant, du seul fait qu'ils existent. Ce qui fait dire à Jésus que nos cheveux sont comptés. Non pas qu'une entité supérieure passe son temps à les compter, mais parce qu'ils sont connus de l'intérieur. Tout est donc, pour celui qui y est attentif, une manifestation de la réalité ultime. Tout est épiphanie. Tout peut devenir sacré. Cela dépend du regard que nous jetons sur lui. Si notre regard s'arrête au niveau phénoménal, alors l'être ou la chose qu'il perçoit est strictement profane. S'il le pénètre au point de faire éclore l'intelligence du dedans, alors l'être ou la chose qu'il perçoit devient authentiquement sacré. « Le pouvoir d'une chose ou d'un acte est dans sa signification, et dans la compréhension que nous en avons[2]. » L'eau, l'air, la terre, le feu, selon le regard qui les contemple sont des réalités purement profanes qui peuvent faire l'objet de toutes sortes d'analyses scientifiques ou peuvent au contraire devenir le prétexte d'une manifestation lumineuse du réel tel qu'il est en lui-même, au-delà de toutes nos élucubrations. Tout peut ainsi devenir « numineux ».

En soi, tout est profane et peut utilement se prêter à nos analyses pour devenir l'objet de nos connaissances. Mais par notre attention, par la qualité de conscience avec laquelle nous nous rendons présents à lui, tout peut devenir sacré et être l'occasion d'une épiphanie qui nous introduit à l'intelligence du réel ultime. Ces deux approches ne sont nullement exclusives l'une de l'autre. Elles s'appellent l'une l'autre. Elles devraient être les deux temps de notre respiration.

Du bon usage de la spiritualité et des religions

Je viens d'évoquer la respiration. Ce n'est pas pour sa seule valeur littéraire que j'ai choisi ce mot, ni pour lui faire jouer le rôle d'une pure métaphore. Qui dit re-spir-ation dit en effet spir-itualité, car les deux mots ont la même racine, *spir*. N'oublions pas qu'esprit, en latin, se dit *spir-itus*. Etre en quête de spiritualité c'est donc, selon l'étymologie, être en quête de son propre souffle. Quand il nous arrive de rencontrer un homme ou une femme vraiment spirituels, nous ne pouvons nous empêcher de nous écrier : « Quel souffle ! » Ce qui revient à dire : « Quelle force ! Quelle présence ! Quel esprit ! » et finalement : « Quelle plénitude humaine ! »

Prise dans ce sens, la spiritualité n'est pas l'apanage de ceux qui appartiennent à une religion. Aucune religion n'en a le monopole, quelle qu'en soit sa prétention. Sur ce point précis, il ne nous suffit pas, me semble-t-il, de mettre toutes les religions sur le même plan et de les faire entrer en compétition. Cette démarche ne leur plaît déjà pas, car chacune a tendance à se croire la meilleure et à ne pas supporter qu'on la ravale au rang des autres. Mais il nous faut pousser encore plus loin le désenclavement de la spiritualité.

Point n'est besoin en effet de « croire en Dieu » selon l'expression consacrée, c'est-à-dire de personnaliser le principe ultime de toutes choses et d'en faire une sorte d'interlocuteur surhumain, pour aspirer à être pleinement homme, animé par un souffle intérieur. Les bouddhistes nous en donnent un bel exemple, qui ne se préoccupent guère de discourir sur la nature du divin et encore moins d'en parler en termes de « personne », mais qui n'en savent pas moins se frayer efficacement un chemin vers l'éveil, selon l'étymologie même du mot bouddha : l'éveillé. Qui ne connaît, parmi les bouddhistes, des hommes et des femmes qui, au-delà de l'exotisme lié éventuellement à leur mode de vie, donnent le sentiment d'être des humains pleinement accomplis ?

Il s'agit en fait de devenir « artiste de soi-même, interprète de la vie qui sourd en nous[3] ». Aspiration éminemment universelle qui n'est l'apanage d'aucun groupe social en particulier, fût-il religieux.

S'il est vrai que la spiritualité (au singulier) peut éventuellement s'appuyer sur les religions (au pluriel) pour se nourrir et se développer, comme on peut le constater au cours de l'histoire de l'humanité, elle ne leur est pas pour autant inféodée. Elle peut s'épanouir en toute indépendance et toute liberté. Le réel ultime n'a attendu l'autorisation d'aucun pape, d'aucun imam, d'aucun rabbin, d'aucun gourou pour nous poser dans l'être, toi et moi. La relation métaphysique qui nous relie à lui fait fi de toute médiation puisque c'est elle qui nous fonde à la racine même de notre être. Elle nous est présente du seul fait que nous existons. Elle est logiquement antérieure à toute autre relation qui peut nous advenir et définir notre identité, y compris sur le plan religieux.

Je revendique donc, pour ma part, le droit d'être spirituel – ou du moins d'aspirer à l'être – sans appartenir pour autant à une religion. Nous n'avons pas encore mené jusqu'à son terme la démarche de sécularisation qui caractérise notre modernité occidentale, cette démarche de libération des différents domaines de l'activité humaine à l'égard de l'emprise des institutions religieuses. Nous avons sécularisé le registre d'état civil, une grande partie de l'enseignement et des soins hospitaliers. Nous avons même sécularisé la musique religieuse, dont les disques, autrement, ne se vendraient pas par millions. Par contre, nous n'avons pas encore sécularisé le silence. Il suffit de constater combien nos assemblées sont gauches lorsqu'elles décident d'observer « une minute de silence » et, dans nos villes, il nous faut encore entrer dans les églises pour trouver des lieux de silence et de paix intérieure.

Nous ne serons parvenus au terme de la sécularisation que lorsque nous aurons clairement et lucidement sécularisé jusqu'à la spiritualité.

Si celle-ci peut s'entendre au singulier, comme étant une dimension de toute vie humaine, l'histoire nous montre combien les religions (plurielles) ont tendance à devenir des éléments identitaires pour les peuples ou les nations. Si anachronique que cela puisse paraître, bien des peuples se définissent encore par leur religion, ou du moins par celle qui a marqué leur histoire. Aujourd'hui comme hier. Et, malheureusement, aussi bien en Orient qu'en Occident. Dans la mesure où elle identifie les uns, une religion les oppose nécessairement aux autres. D'où les guerres de religion, explicites ou plus ou moins larvées. Croire que Dieu est avec soi, si cela implique qu'il ne peut être tout autant avec les autres, n'est pas ferment de spiritualité et d'harmonie mais d'intolérance et de fanatisme. Toute religion porte en elle le germe de son orthodoxie (c'est-à-dire de sa conviction à être la seule à *penser juste)* et donc de son intégrisme. Toute religion fondée sur la foi en un message qu'elle est convaincue d'avoir reçu, sous une forme historique, de Dieu lui-même tend nécessairement vers l'impérialisme, même si le message initial qu'il s'agit de transmettre clame exactement le contraire. Nous en avons un exemple éclatant en Occident avec un christianisme devenu impérial (au sens strict du terme) en moins de trois siècles, alors qu'il était fondé sur une bonne nouvelle annoncée aux plus humbles et aux plus démunis.

Je ne nie pas qu'il soit possible dans certains cas de faire un bon usage de la religion[4]. Je connais même des hommes et des femmes qui en pratiquent une sans pour autant s'être totalement aliénés ni être devenus impérialistes. C'est qu'ils sont trop intelligents pour pousser jusqu'à ses ultimes implications la logique sous-jacente à leur religion. Mais je reste convaincu que toute religion doit être déclarée « denrée hautement dangereuse », à manier avec infiniment de précaution. Après en avoir goûté pendant vingt années de ma vie, je préfère me tenir désormais à l'écart d'une entreprise aussi ambiguë. Du moins, aussi longtemps qu'elle n'a pas poussé son autocritique jusqu'à son terme.

Mais renoncer à toute appartenance religieuse n'implique nullement de renoncer à la spiritualité. Bien au contraire. J'aspire pour ma part à une spiritualité laïque, si paradoxale que puisse paraître l'expression. Une spiritualité philosophique, non dogmatique, qui ne se réfère à aucune histoire particulière et n'en appelle à aucune révélation qui prétendrait s'imposer comme l'unique voie de passage vers la plénitude. Une spiritualité sapientielle, attentive à toutes les expressions qu'a pu prendre, au cours des millénaires, la sagesse des hommes. Une spiritualité *radicale* qui s'efforce d'atteindre la *racine* même de notre être. Une spiritualité qui rejoint ainsi ce qui est à la *racine* des diverses traditions, non dans ce qu'elles ont de plus spécifique mais au contraire dans ce que leur spécificité traduit de plus universel.

Du bon usage du réel ultime

Derrière la querelle que j'ai déjà évoquée du caractère « naturel » ou « surnaturel » de notre vie spirituelle se cachent en fait deux manières de concevoir le réel ultime.

On peut en effet le concevoir, de façon métaphorique, à la manière d'un océan qui emplit toutes les anfractuosités qui s'ouvrent à lui. D'une puissance inépuisable, il ne se refuse à personne. Il comble tous les creux. Notre problème est alors, sur le plan de la conscience, de faire le vide de tout ce qui nous encombre, de nous ouvrir aussi largement que possible, et alors, *par la loi même qui régit l'ordre des choses*, l'anfractuosité que nous offrons ainsi à l'océan s'emplit de la plénitude de l'être. Rien n'est plus « naturel » que cet éveil de notre conscience à la conscience éveillée du monde, même si rien n'est plus rare dans l'humanité telle que nous la vivons, à cause de la manière dont nous choisissons de vivre, tout emplie de nous-mêmes et des mille objectifs que nous nous fixons et auxquels nous conférons une valeur d'absolu.

Mais on peut aussi concevoir le réel ultime, toujours métaphoriquement, à la manière d'un monarque de droit divin (c'est bien le moins !) qui distribue ses « grâces » arbitrairement, en fonction de son seul bon vouloir (c'est-à-dire, finalement, en fonction des caprices que l'on prête généreusement à sa psychologie supposée). Dans cette hypothèse, la « nature » de l'homme est totalement incapable, et de surcroît indigne, de toute vie spirituelle. Pour sortir de cette impasse essentielle, l'intervention « surnaturelle » et « personnelle » du divin est requise au cas par cas. En plus de la relation fondamentale que le réel ultime entretient avec tout ce qui existe, il s'oblige à intervenir dans notre histoire comme l'un de ses acteurs, pour s'occuper de manière privilégiée de certains d'entre nous. Comme pour réparer un oubli ou une erreur qu'il aurait laissé passer au niveau de notre émanation et donc de notre nature. Notre problème est alors d'attirer l'attention du monarque céleste par tous les moyens à notre disposition, afin de le séduire et d'obtenir de lui qu'il veuille bien nous distinguer parmi tous les autres. D'où la théorie de l'offrande sacrificielle sous toutes ses formes, de la plus élémentaire à la plus sophistiquée. D'où la dégénérescence de la quête spirituelle en observance tatillonne de prescriptions rituelles ou morales. « Dieu », dans cette hypothèse, ne pouvant faire luire son soleil que sur les bons et non sur les méchants[5]. Comme si la vie morale était la condition *sine qua non* de la vie spirituelle et n'était pas, au contraire, la surabondance et le rayonnement d'une vie centrée sur la quête de l'essentiel.

Cherche la transparence de l'être et le reste te sera donné par surcroît.

Inutile de préciser de quel côté je penche entre ces deux représentations du réel ultime. A vrai dire, j'ignore tout de ce qu'il est en lui-même et si, par extraordinaire, j'en faisais une certaine expérience, je n'aurais sans doute pas les mots pour le dire. Par contre, je sais, sans grand risque de me tromper, que toutes les projections que je pourrais faire de ma psychologie humaine sur cet écran vierge de toute représentation ne seraient que le fruit de mon imagination et pure divagation. Autant m'en abstenir.

Je m'abstiens donc de me le représenter comme un être interférant avec les êtres qu'il soutient dans l'existence. Comme un être interférant en particulier dans l'histoire des hommes. Que ce soit pour les condamner ou pour les sauver. *« Gott mit uns ! »* est le cri explicite des guerres de religion, mais il légitime implicitement toutes les guerres en général. En fait, le réel ultime n'est pas plus avec moi qu'avec les autres. Il est présent à tout ce qui existe. Il soutient dans l'être les bons comme les méchants, les saints comme les bourreaux, ceux qui se battent d'un côté comme ceux qui se battent de l'autre, les vainqueurs comme les vaincus, quelle que soit l'issue de la bataille. Présent à tout et à tous, sans exception, il est absent de nos jeux particuliers, parce qu'il est d'un autre ordre. Il ne triche pas en intervenant de façon déloyale dans la partie que nous choisissons de jouer entre nous.

S'il nous donne *l'être, le mouvement, la vie*, il se garde bien (mais c'est encore une façon de parler) de vivre notre vie à notre place. A nous de vivre. A nous de jouer. A nous de déployer dans l'espace et le temps la relation qui nous lie à ce réel que n'enserrent ni l'espace ni le temps. A nous d'ouvrir l'espace sur l'infini et d'ouvrir le temps sur l'éternité. L'un et l'autre ne sont pas en dehors de nous, dans un au-delà inaccessible. Ils sont le *dedans* de nous.

A nous d'inventer la respiration douce du visible et de l'invisible, du corps que nous sommes et du souffle qui l'habite et le transfigure. A nous de conjuguer la largeur et la profondeur, l'ouverture au monde dans lequel nous vivons et la perception du réel qui l'imprègne de toutes parts. L'aventure qui nous est proposée n'est nullement de renoncer à l'un pour nous donner inconditionnellement à l'autre, mais bien, au contraire, de féconder l'un par l'autre.

Du bon usage du temps et de l'éternité

Je suis de ceux qui sont portés à penser que l'alpha et l'oméga de nos existences singulières, l'alpha et l'oméga de l'histoire de l'humanité, l'alpha et l'oméga de l'univers sont donnés d'emblée à chaque instant de nos vies[6]. Pour moi, l'alpha n'est pas plus à rechercher à l'origine du temps telle que nous croyons pouvoir l'approcher, que l'oméga n'est à attendre à la fin du monde telle que nous l'imaginons. Ni l'un ni l'autre ne se trouvent aux extrémités supposées du temps.

Ils n'encadrent pas le temps.
Ils sont le *dedans* de nous.
Ils sont le *dedans* du temps.

Pour les trouver, il n'est nécessaire ni de fouiller la mémoire de l'univers à la recherche d'un hypothétique instant zéro du temps, ni de prospecter son avenir dans l'attente d'un cataclysme qui lui imposerait un point final. L'un et l'autre, l'alpha et l'oméga, sont présents *hic et nunc*, ici et maintenant, si je puis me permettre de recourir à cette expression, usée à force d'être entendue mais qui reste malgré tout la plus explicite pour évoquer cette mystérieuse co-actualité dans l'instant, de la réalité contingente que nous sommes et du réel ultime qui nous fonde, de l'éphémère et du pérenne, du temps et de l'éternité.

L'alpha est la bénédiction originelle qui me donne

d'être en ce moment où j'écris ces lignes. Il est la bénédiction originelle qui te donne d'être, ami lecteur, en cet autre moment où tu les lis. Il est la bénédiction originelle qui nous donne, à l'un et à l'autre, de surgir dans l'existence et de nous maintenir au niveau des phénomènes qui constituent le monde dans lequel nous vivons. Il est la bénédiction originelle qui donnera à cet univers d'exister encore bien des milliards d'années après que nous nous en serons effacés.

Bénédiction originelle [7] que nous ne devrions cesser de bénir à notre tour parce qu'elle est cette source d'eau vive après laquelle nous languissons comme la biche du Psaume, mais que nous n'avons pas à aller chercher à l'autre bout du monde puisqu'elle est là, à l'état primordial, surgissante au plus profond de nous. Surgissante en tout ce qui existe, de la moindre particule à la plus colossale galaxie, de la plus modeste amibe au cerveau du génie. Surgissante en tout ce qui nous entoure, « Plus intime à moi-même que moi-même », disait saint Augustin, c'est-à-dire préalable à tout éveil de la conscience en moi. Antérieure à ce que je suis, sinon dans l'ordre *chronologique* (qui n'est pas de mise ici car le temps n'a rien à voir dans cette affaire), du moins dans l'ordre de la logique.

> *Just to be is a blessing*
> (Le seul fait d'être est une bénédiction) [8].

L'oméga, c'est-à-dire notre fin, ce vers quoi nous tendons, nous est donné, lui aussi, d'entrée de jeu. Il est notre accomplissement, notre dépassement, notre plénitude, notre Plérôme. Nous n'avons pas à passer notre vie entière à l'espérer puisqu'il est là, déjà présent en nous. Il suffirait que nous nous ouvrions à lui pour qu'il éclate au grand jour. En ce qui le concerne, nous n'avons rien à attendre de l'histoire. Rien à attendre d'un hypothétique progrès de l'humanité à la mode occidentale. Rien à attendre du futur. L'accès à l'oméga se joue pour moi en cet instant où j'écris. Il se joue pour toi, en cet instant même où tu me lis. Il se joue en chaque instant de notre vie. Pourquoi remettre à plus tard ce qui nous est accessible tout de suite ?

Quel est le but ultime de ta vie, sinon de vivre pleinement l'instant que tu es en train de vivre en ce moment même ? Tu as, bien sûr, des projets à plus ou moins long terme, comme j'ai celui de mener à bien l'écriture de ce livre ou d'entreprendre éventuellement telle ou telle action si personne n'en prend par ailleurs l'initiative. Mais cela ne constitue pas un but à proprement parler. Cela n'est pas un objectif à atteindre coûte que coûte. Le monde peut très bien se passer de mes livres ou de mes entreprises.

A vrai dire, je n'ai d'autre objectif que de vivre le temps qui m'est donné à vivre. Je ne considère pas mon existence comme un chemin qui devrait me conduire vers un hypothétique quelque part. Je la considère comme un but en soi. Vivre en plénitude ce que je suis en train de vivre me semble une fin suffisante qui dispense de se fixer tout autre but, et me dispense de me lancer dans la quête fébrile de résultats. « La chose la plus importante dans la vie, c'est la vie elle-même[9]. »

Ce serait cependant avoir une vision bien étriquée de la réalité que de croire que nous sommes acculés à choisir de façon exclusive entre le déroulement de l'existence dans le temps et la plénitude de l'instant, entre ce qui est de l'ordre de la fin et ce qui est de l'ordre des moyens. Entre l'essentiel de notre être, impliqué dans chaque instant, et son déploiement dans l'espace et le temps. Notre vie ne se définit pas par l'un *ou* par l'autre. Elle n'a pas à parier *pour* l'un *contre* l'autre. Elle se joue bien au contraire dans notre capacité à conjuguer inlassablement l'un *et* l'autre, à tisser l'un *avec* l'autre, à faire advenir l'un *par* l'autre[10].

Notre vie est le fruit des noces du temps et de l'éternité.

En effet, c'est sur cette planète Terre, qui nous produit et nous abrite, et en nul autre lieu, c'est dans ce temps cosmologiquement déterminé qui nous est donné à vivre[11] et en nul autre, que se joue notre ouverture au réel ultime qui, lui, transcende notre manière de percevoir le monde et, en particulier, transcende nos catégories de l'espace et du temps. C'est en symbiose avec cette terre qui nous porte, avec ses saisons, son alternance du jour et de la nuit, de la lumière et des ténèbres, avec ses roches immémoriales, ses végétaux qui se dressent vers le ciel, son grouillement d'animaux qui peuplent les océans, les forêts comme les cieux, que nous sommes appelés à vivre notre relation avec le « non-lieu » et le « hors-temps ». C'est au cœur de l'histoire de ces hommes et de ces femmes qui se cherchent désespérément, s'aiment si peu et se haïssent tant, s'unissent parfois et s'entre-déchirent surtout, que se joue notre quête de l'Un, de l'harmonie et de la communion universelles. Impossible, en dehors de la mort, de « quitter le monde » comme le rêvaient les moines d'autrefois. La mort elle-même n'est d'ailleurs peut-être pas une « sortie » mais au contraire l'introduction à une récapitulation consciente de tout ce qui a été vécu.

C'est le monde qui nous porte et nous nourrit. Nous n'existons pas en dehors du réseau de relations qui nous rattachent à lui. Quand nous regardons notre vie de près, elle apparaît reliée à l'univers par une interdépendance à tous les niveaux, de la mystérieuse danse des quanta jusqu'aux dérives galactiques.

Le court-circuit du temps, « im-pliqué » en chacun de nos instants par la présence simultanée de l'alpha et de l'oméga, peut prendre des décennies pour « s'ex-pliquer », c'est-à-dire se déployer dans nos vies [12]. Ces deux aspects ne sont que le recto et le verso de notre réalité. Ils sont présents en chacun de nous.

S'il y a tant d'appelés et cependant si peu d'élus, cela ne tient pas à une pénurie d'énergie primordiale qui chercherait à s'économiser et à ne se dépenser que chichement. Cela tient avant tout à notre étroitesse d'esprit, à notre recroquevillement sur nous-mêmes ou, ce qui peut paraître le contraire mais qui revient au même du point de vue de la vraie vie, à notre extrême dispersion à la superficie des êtres et des choses. On peut en effet mourir par isolement comme par trop de communication, par manque d'oxygène comme par excès, par asphyxie comme par éclatement. Ni l'implosion ni l'explosion ne sont favorables à la vie. Ni la tour d'ivoire ni la course effrénée autour du monde. Ni l'ignorance crasse ni la faim insatiable du savoir. Pour emprunter le langage des alchimistes, « le cosmos est en équilibre entre la volatilisation qui le disperse et la coagulation qui le fige[13] ».

Pour se développer, la vie appelle en nous une respiration douce du temps et de l'éternité, de l'intériorité et de l'ouverture sur le reste du monde, un éveil de la conscience au réel ultime qui nous habite, au sein de ce réel plus prosaïque qui nous entoure et à partir duquel se tisse notre histoire.

Le fait que, de toute éternité, il nous soit *donné* d'être n'empêche nullement que nous ayons à nous prendre en charge dans le temps que nous avons à vivre. L'un n'est pas le contraire de l'autre. L'un n'est pas en compétition avec l'autre, parce que, tout simplement, l'un et l'autre ne se situent pas sur le même plan. La gratuité de la bénédiction originelle sur le plan métaphysique n'entraîne nullement notre irresponsabilité sur le plan historique. L'abandon au réel ultime qui nous fonde n'est donc nullement synonyme de démission de la responsabilité que nous avons à l'égard de la réalité que nous sommes et du réel dans lequel nous vivons. Bien au contraire, nous sommes comptables de chacun des instants qui nous sont donnés à vivre.

C'est pourquoi ni la gratuité de l'origine qui nous pose dans l'être ni la gratuité de la fin qui nous accomplit ne rendent inutile la mise en œuvre des moyens qui nous semblent les mieux appropriés à notre développement humain et à l'éveil toujours plus subtil de notre conscience. Tout dans notre vie, de la naissance à la mort, du lever au coucher du soleil et y compris pendant la nuit, peut contribuer à l'éveil en nous de la conscience ou au contraire accentuer nos inerties et nos pesanteurs. « Celui qui n'est pas avec moi est contre moi », disait Jésus. Cette phrase peut s'appliquer aux réalités les plus fondamentales de notre vie. Ce qui ne favorise pas l'éveil de la conscience contribue à son assoupissement. Pas plus que la liberté intérieure, la conscience n'est une réalité statique. L'une comme l'autre croissent à la mesure de l'usage que nous en faisons. Elles ne se développent que si l'on s'en sert. Tout acte libre que nous posons nous rend encore plus libre. Inversement, tout acte posé sous la pression des déterminismes ajoute encore à notre aliénation.

De même, toute actualisation de la conscience élargit en nous notre capacité d'éveil. A nous donc d'être en état d'alerte.

3.

Du bon usage de la relation humaine

L'image qui se dégage de tout ce qui précède peut donner l'impression que la vie de l'homme se joue en deux dimensions : l'horizontale, sur laquelle se déroule le temps, et la verticale, qui, en transcendant chaque instant, lui permet de se brancher sur l'éternité. Ce mode de projection permet incontestablement de saisir quelque chose de la temporalité qui caractérise notre vie humaine, mais il est loin de rendre pleinement compte de sa complexité.

Réfléchissant sur ce qu'il devait appeler la « structure absolue », Raymond Abellio a choisi de privilégier l'image de la sphère, qui permet de prendre en compte un plus grand nombre des dimensions du réel. Sans entrer dans la complexité du modèle qu'il a progressivement élaboré, il me semble fructueux de reprendre à ma manière certains aspects de sa métaphore.

Une sphère met en valeur le plan équatorial qui, à l'horizontale, la coupe en deux hémisphères. Ce plan est le lieu où se tissent toutes les relations qui structurent et constituent la vie de chacun d'entre nous. En particulier le lieu de toutes nos relations humaines. Celles-ci ne sont évidemment pas statiques. Elles créent des tensions. Elles entraînent un mouvement. Elles suscitent une dynamique.

Plus cette dynamique est puissante et plus le mouvement qu'elle engendre met en branle une double spirale. L'une vers le bas, l'autre vers le sommet. Celle qui descend vers le pôle inférieur de la sphère représente le mouvement d'individuation, d'incarnation, qui nous amène à devenir de façon éminemment singulière celui ou celle que nous sommes. Plus nous sommes impliqués dans des relations authentiques, plus notre personnalité s'étoffe. Plus elle s'intensifie, plus elle nous différencie du reste de l'humanité. Tel est le paradoxe : plus nous sommes reliés et plus nous existons en tant qu'individus. Loin d'être des atomes isolés les uns des autres, nous n'existons que par la richesse des relations que nous entretenons, sous une forme ou sous une autre, avec l'ensemble de l'humanité, passée, présente et à venir.

Mais à la spirale descendante qui tend vers une singularité toujours plus accentuée correspond, dans la partie haute de la sphère, la spirale qui nous entraîne vers toujours plus d'universalité. Ici encore c'est la richesse des relations que nous entretenons avec le reste de l'humanité qui permet à notre vie singulière de se charger d'une signification et d'une portée toujours plus proches de l'universalité. L'homme et la femme accomplis sont un homme et une femme pleinement individués qui rayonnent cependant d'une lumière qui, elle, est universelle.

L'intensification de l'un va de pair avec l'extension de l'autre.

Couper ses relations avec les autres, c'est à la fois couper ses racines et casser son élan vers l'universel. C'est choisir de faire du sur-place sur le plan équatorial, de se raplatir, de se perdre dans une masse indifférenciée sans hauteur ni profondeur, toute en superficie. Nous n'avons pas à trancher entre l'incarnation et la sublimation, entre l'insertion concrète dans l'histoire des hommes et notre perception intuitive de la transcendance du réel ultime. La qualité de notre vie, dans sa consistance historique comme dans sa portée universelle, dépend de la richesse tant extensive qu'intensive de nos relations, de proche en proche, avec l'ensemble des êtres vivants et plus particulièrement avec l'ensemble des humains.

Le bon usage de la vie passe donc en tout premier lieu par l'apprentissage de la relation. Quand nous naissons, nous sommes déjà le fruit d'un nombre considérable de relations dont certaines peuvent paraître purement fortuites mais dont toutes étaient absolument nécessaires à notre apparition sur la scène du monde, à ce moment précis, dans ce contexte déterminé et sous cette forme particulière. Qu'une seule vienne à manquer qui empêche nos parents de se rencontrer, de se choisir et, au jour précis de notre conception, de s'accoupler, et nous ne serions là, ni toi ni moi, pour dialoguer par livre interposé. Ce qui est absolument aléatoire du point de vue de ceux qui vivent l'événement devient absolument nécessaire du point de vue de ce qui en résulte. Absolument nécessaire du point de vue de ceux qui en sont issus. Ce qui est vécu *librement* dans le présent devient un élément absolument *nécessaire* au monde tel qu'il existe, de fait, l'instant suivant. Comme quoi la coexistence de la liberté et de la nécessité n'est pas un problème insurmontable. C'est avant tout une question de point de vue, du point temporel à partir duquel l'événement concerné est observé.

Fruits d'un grand nombre de relations, nous naissons à notre tour potentiellement ouverts à un nombre quasiment indéfini de nouvelles relations que la vie nous donnera l'occasion d'établir, d'explorer, et de faire fructifier ou au contraire d'ignorer, de négliger et de laisser périr.

Vivre, c'est choisir chaque jour d'enrichir son existence par la création de nouvelles relations ou par l'approfondissement de celles qui sont déjà engagées. Vivre, c'est s'ouvrir aux autres. Mais l'ouverture, pour être pleinement vécue, appelle le recentrement, le retour au centre, le retour à l'unité de l'être. Sous peine de mort par éclatement.

A l'extrême opposé, mourir, c'est aussi se recroqueviller sur soi-même. C'est s'anémier par un assèchement et un dessèchement progressifs de toute relation vivifiante. C'est, faute d'air frais, périr par étouffement dans la prison toujours plus étroite que l'on s'est à soi-même construite.

Si ces propos font du sens, si notre vie répond à la dynamique de la sphère que je viens d'évoquer, alors, du point que nous occupons en son centre, nous ne pouvons prendre chair et consistance vers le pôle de l'individuation et nous élever spirituellement vers le pôle de l'universalité que si nous entrons dans la danse des relations humaines qui font tourner, avec toujours plus de force, le plan équatorial de la sphère. Celui qui prétendrait atteindre le zénith en faisant l'économie de l'engagement dans l'épaisseur de l'humanité, celui-là soit se leurre, soit nous leurre. Il n'est, pour reprendre une invective célèbre, qu'un sépulcre blanchi. Un simulacre de vie. Il n'est qu'un mort attardé au pays des vivants.

Celui par contre dont la vie n'est que relation aux autres, qui ne se trouve qu'en se donnant, qui serait bien incapable de se définir en lui-même indépendamment du contexte relationnel dans lequel il s'insère, celui dont la compassion surpasse toutes les préoccupations, celui-là vit de la véritable vie. Il peut mourir en paix. Sur lui, la mort n'a déjà plus d'emprise.

Si je devais, de l'héritage évangélique, ne retenir qu'une seule intuition, je choisirais sans nul doute cette perception vive, exprimée à maintes reprises, qu'un amour prétendu du réel ultime qui nous échappe de toute part n'est qu'hypocrisie et mensonge s'il ne se traduit pas en amour concret des êtres vivants qui nous sont proches. Le plan équatorial de nos relations avec les autres est essentiel à la plénitude de la sphère. Jean-Claude Barreau l'a bien perçu qui relève le caractère sphérique de plusieurs religions et du christianisme en particulier. « Pour les Pères de l'Eglise, Dieu est tout à la fois dedans, autour, au-dessus ; intériorité, fraternité et transcendance. Au-dedans comme Esprit ; autour comme Frère... ; au-dessus comme Père. » La fraternité est centrale. « Autour de l'homme, il y a les autres hommes[1]. »

Il m'arrive parfois de me sentir accablé. Je rentre d'une journée de travail avant de commencer une soirée associative, l'une et l'autre bien remplies. J'écoute les informations à la radio ou sur une chaîne de télévision. Le malheur du monde se répand sur les ondes. Je sais que ce qui est dit ou montré n'est qu'une infime partie de la souffrance vécue sur la planète. Le plus gros restant toujours caché, toujours non dit, toujours loin de l'atteinte des médias.

Je voudrais alors pouvoir tout arrêter. Rester immobile, pure présence à la globalité des hommes et des femmes qui vivent en ce moment à la surface du globe. Cesser d'exister pour moi-même. Cesser de me laisser polariser par les problèmes de tous ordres qui ne manquent pas de se poser au cours d'une journée. N'être qu'émergence de la conscience éveillée du monde. Pure bien-veillance. Volonté de bien, portée à l'incandescence. Pure présence à l'égard de tous. Au-delà du sentiment. Au-delà des catégories morales. Au-delà des choix politiques ou sociaux. Baigner la planète d'une onde de guérison, d'une onde de pacification, d'une onde de bonheur, d'une onde de libération. D'une onde de confiance qui libère des angoisses et des peurs. Eclairer l'humanité d'un sourire intérieur.

Je voudrais alors être moine dans toute la force du terme. Pure relation au réel ultime qui soutient toute chose dans l'être. Pure résonance, dans l'espace et le temps, au cœur de l'humanité souffrante, de la vibration primordiale par laquelle il nous fait exister. Pure présence créatrice. Et, par ce court-circuit radical, je voudrais communiquer avec tous ceux qui, à travers le monde, ont le plus besoin d'amour et d'attention...

4.

Du bon usage de la nature et de la culture

L'homme ne se définit pas seulement par ses relations avec ses semblables. Il n'est pas un être d'une parfaite simplicité qui viendrait, en toute autonomie, se juxtaposer à la gamme des autres êtres qui vivent sur la planète Terre. Il n'est pas un extraterrestre parachuté sur une terre étrangère. Bien au contraire, il récapitule en lui une bonne partie de l'histoire terrestre. Son ontogenèse, c'est-à-dire son développement dans le ventre de sa mère depuis le moment de sa conception, n'évoque-t-elle pas la philogenèse, c'est-à-dire l'histoire de l'évolution des espèces depuis la première cellule vivante dans l'océan, telle que se la représentent les biologistes ? En lui se superposent, comme par strates, les « règnes » qui ont longtemps servi à caractériser les différents niveaux d'organisation de la matière et de la vie.

En lui, le minéral fournit le matériau de base.
En lui, le végétal organise la vie des cellules et la circulation de la sève nourricière.
En lui, l'animal développe son autonomie et ses pulsions.

L'humain surgit de la superposition de ces niveaux d'organisation avec l'émergence de son niveau spécifique de conscience. Sans soubassement animal, sans soubassement végétal, sans soubassement minéral, la conscience ne pourrait pas se manifester en lui avec toutes ses potentialités. Ces différents ordres ne lui sont pas contraires. Ils ne lui sont pas inférieurs. Ils font partie de lui. Ils lui servent de supports.

Nous avons trop tendance à nous croire le nombril du monde, à nous penser à tel point supérieurs aux êtres et aux choses avec lesquels nous cohabitons sur la terre que nous serions exemptés des lois qui régissent chacun de leur ordre. Nous n'avons certes pas à nous y soumettre aveuglément comme si tout notre être s'épuisait dans le minéral, le végétal ou l'animal. Mais nous avons à les connaître, à les respecter, à nous en servir, à nous appuyer sur eux, à les assumer, à les entraîner dans cette synthèse singulière qu'est la synthèse humaine, caractérisée par l'éveil et le développement de la conscience. Cette ascension vers l'humain est une histoire d'amour, non une histoire de viol ou de meurtre.

Arnold Kayserling fait remarquer, à partir d'observations de la vie courante, que cette superposition de différents ordres introduit en nous des degrés croissants à la fois de complexité et d'autonomie[1]. Prenez une pierre. Elle n'a ni devant ni derrière. Ni dessus ni dessous. Vous la posez par terre sur la face que vous choisissez. Elle n'est pas polarisée. Du moins pas au niveau de la perception ordinaire que nous en avons.

L'arbre, au contraire, présente un haut et un bas. Il a des racines qui s'enfoncent dans la terre et des ramures qui s'élèvent vers le ciel. Il est polarisé de bas en haut. Il a conquis la verticalité.

Les animaux que nous fréquentons conservent cette verticalité de la plante, mais lui ajoutent une polarisation entre le devant, généralement consacré à l'alimentation et à la communication, et le derrière, consacré davantage à l'élimination.

Tous ces niveaux d'organisation se retrouvent en nous. A quoi nous ajoutons ce qui constitue notre polarité proprement humaine, à savoir la latéralisation entre la gauche et la droite, qui correspond à la spécification des deux lobes de notre cerveau.

C'est cet édifice constitué de niveaux d'information superposés, de complexification et d'autonomisation progressives (que les exemples donnés ici illustrent naïvement à partir de notre expérience immédiate, sans aucune prétention scientifique) qui nous permet d'accéder à l'éveil d'une conscience véritablement humaine.

Aucune des étapes qui, de niveau en niveau de conscience, conduisent à l'expérience unitive du réel ultime ne peut se franchir au mépris de celles qui la précèdent. L'homme ne peut rien construire de véritablement spirituel sur leur viol ou même sur leur oubli. « Qui veut faire l'ange fait la bête », constatait Pascal. Ce n'est pas en bafouant le minéral, le végétal ou l'animal en nous, mais bien en les assumant, en les intégrant, que nous pouvons les dépasser pour devenir pleinement ce que nous sommes déjà en puissance : à savoir, des êtres spirituels.

Nous sommes des êtres de culture. Nous ne sommes donc pas irrémédiablement soumis aux diktats d'une loi naturelle proclamée objective, immuable et universelle. Ni abeilles ni fourmis, nous passons notre vie à nous inventer, à conquérir notre liberté. Mais celle-ci, loin de se conquérir par la destruction des strates qui nous constituent, est bien au contraire le fruit de l'art avec lequel nous savons les cultiver. Notre liberté est certes de transcender la nécessité, mais nous n'y parviendrons nullement en méconnaissant la règle du jeu et le contexte dans lequel se joue la partie. Loin de mépriser les cartes qui nous ont été distribuées, notre liberté est de savoir en jouer. D'accroître ainsi, de jour en jour, notre marge de jeu. De repousser nos limites. D'accroître la gamme des possibles auxquels nous avons accès. « La seule liberté du danseur, dit Martha Graham, c'est la discipline qu'il s'impose à lui-même. »

Apprends donc, ami lecteur, dans ta quête d'une vie spirituelle, à te faire des alliés du minéral, du végétal comme de l'animal que tu es dans les profondeurs de ton être. Sois attentif aux atomes, aux molécules, aux cellules comme aux organes qui te constituent. C'est en étant à l'écoute de leurs exigences que tu actualiseras le mieux toutes leurs potentialités et que tu les feras participer à l'aventure d'une vie authentiquement inspirée.

Devons-nous en rester à cette échelle qui ne comporte que quatre barreaux ? Elizabeth Aich, dans son *Initiation*, propose de la prolonger vers le haut en poursuivant l'exploration des niveaux de conscience auxquels il est éventuellement donné à l'homme d'accéder[2]. Elle remarque en effet que nous n'hésitons pas à reconnaître parmi nous des « génies ». Quel que soit le domaine – scientifique, littéraire ou artistique – dans lequel ils sont passés maîtres, nous n'avons aucune difficulté à admettre que leur niveau de conscience dépasse notre niveau moyen, honnêtement humain. Il ne s'agit certes pas de nier la grande part de travail qui entre dans leur capacité à formuler et à exploiter leurs intuitions novatrices. Ils ont besoin pour innover de s'appuyer sur une langue, sur des concepts, des instruments, des techniques : toutes choses dont ils ont vécu l'apprentissage en accomplissant des exercices, en pratiquant des gammes, en éduquant leurs neurones. Bref, en s'astreignant à une véritable ascèse. Mais, au dire non seulement des poètes et des artistes mais des scientifiques eux-mêmes, l'intuition, l'inspiration, la perception fulgurantes sont perçues comme d'un autre ordre. Comme si la conscience humaine, par moments, en certains hommes ou en certaines femmes, devenait réceptive aux contenus d'une conscience plus large et plus éclairée.

Il peut aussi nous arriver au cours d'une vie – c'est très rare il est vrai – de rencontrer un « sage » ou peut-être un « prophète ». Devant cet homme ou cette femme exceptionnels, nous avons le sentiment apaisant de rencontrer un être qui, par sa parole, son comportement, mais aussi par sa simple présence, nous met en contact avec une compréhension supérieure du mystère de la vie. D'être à ses côtés, silencieux, suffit à nous éclairer et à nous réconforter. Comme s'il était branché sur un niveau de conscience supérieur au nôtre mais encore différent de celui du génie. Expérience rare et précieuse qui explique en partie l'engouement que suscitent les maîtres spirituels. Engouement qui induit la tentation de les entourer, de les encenser et de les idolâtrer au point d'en arriver à construire autour d'eux des chapelles qui peuvent d'aventure se transformer en sectes et même, au gré de leur réussite sociale et historique, en véritables religions. Ce qui, bien sûr, est aux antipodes de leur intention, si du moins ils sont d'authentiques spirituels, car, dans ce cas, ils savent pertinemment n'être pas pour grand-chose dans leur propre rayonnement. Ils ont bien plutôt le sentiment de ne servir que de canal à une présence qui les imprègne, les transcende et rayonne à travers eux.

Plus rarement encore, constituant un événement à l'échelle des continents et des millénaires, il peut se produire qu'un homme ou une femme, parvenu à un tel dépouillement de soi pour n'être plus que présence à la conscience universelle, apparaisse avec éclat comme pure manifestation du réel ultime en ce monde. Comme si l'invisible, en lui ou en elle, se rendait palpable et perceptible. Comme si, à travers ses paroles, il prenait la parole. Les hindous parlent alors d'*avatar*, c'est-à-dire de descente du divin dans l'histoire des hommes. Les bouddhistes, de manifestation de la nature de Bouddha. Les chrétiens, d'*épiphanie*, c'est-à-dire de la manifestation de Dieu dans le monde. C'est ainsi que les bouddhistes considèrent

Shakyamuni comme le Bouddha, l'*éveillé* par excellence et que le chrétens voient en Jésus l'*incarnation* même de Dieu. A travers ses gestes, ses actes, ses paroles, ils ont le sentiment d'entrer en contact avec Dieu. Dans sa présence, ils décryptent la présence même de celui que, faute d'un autre mot, il appelait son Père et qu'ils considèrent à leur tour comme leur propre Père. Nous ignorons bien sûr la part de l'histoire et celle de la projection des disciples dans l'élaboration de cette image, mais telle qu'elle nous est présentée, elle nous donne le sentiment d'atteindre l'un des sommets de l'expérience humaine. Expérience à laquelle nous pouvons aspirer sans jamais vraiment l'atteindre, mais qui donne sens à nos vies.

Au sujet du personnage historique, Ernest Renan évoquait « Jésus, cet homme admirable ». Peut-être espérait-il se faire ainsi pardonner sa négation audacieuse du dogme de l'Incarnation. On sait que ce fut en vain, et que la société bien-pensante la lui fit chèrement payer jusqu'à l'avènement de la Troisième République. L'image que nous choisissons de garder de Jésus est curieusement sélective. Elle retient la luminosité des béatitudes qui lui sont attribuées mais laisse dans l'ombre les malédictions qui les accompagnent. Elle oublie la menace des supplices de l'enfer qui sous-tend plusieurs de ses propos et pardonne l'erreur d'appréciation qu'il portait sur la fin imminente du monde. Sans parler des nombreux propos qui ont fondé la conviction ultérieure de l'Eglise d'être la seule détentrice de la vérité et l'ont conduite à tant d'excès. Il est vrai que les biblistes eux-mêmes discutent de l'authenticité de tel ou tel propos attribué à Jésus.

L'expérience de l'absolu est toujours tributaire du contexte culturel dans lequel elle est vécue et ne peut donc être érigée elle-même en absolu. Ne l'oublions jamais. Ce qui vaut pour Jésus ou pour tout autre maître spirituel vaut a fortiori pour nous, qui vivons immergés dans la civilisation occidentale contemporaine. Tout nous pousse à la considérer comme la plus universelle et la plus avancée. Nous sommes attentifs à ne pas le dire trop fort parce que cela ne serait pas bien vu, mais cette conviction n'en est pas moins ancrée en nous, profondément. Nous cultivons plus ou moins consciemment un ethnocentrisme qui rétrécit notre horizon à l'étroite vision que délimitent nos œillères culturelles. L'éveil de la conscience est alors cantonné à un champ trop restreint pour accéder à l'universel. Or, s'il appelle au dépassement de la nature pour l'entraîner au-delà d'elle-même, l'éveil de la conscience appelle aussi au dépassement de toute culture particulière pour l'ouvrir sur l'universel.

Pour accéder à la plénitude d'une vie d'homme, il te faut donc assumer le minéral, le végétal et l'animal en toi pour que chacun de leur niveau d'organisation serve de support à l'éveil de ta conscience humaine et te permette de gravir la montagne sacrée et de devenir éventuellement génie, sage ou prophète. Et, pourquoi pas, manifestation lumineuse du réel ultime, au milieu des hommes ?

5.

Du bon usage de la santé et de la maladie

Certains des conseils que je vais me permettre de te proposer sur le bon usage de la vie rejoindront, sur plus d'un point, ceux que te recommandent les experts en santé. C'est que, sur le chemin de la spiritualité, j'aimerais devenir avec toi expert en humanité. Cela risquera de te surprendre tant les siècles de christianisme que nous venons de traverser nous ont habitués à l'idée d'un salut obtenu avant tout par la souffrance et le déni de la vie. Il convient donc de clarifier les rapports qu'entretiennent spiritualité, « salut » et santé.

Tu noteras tout d'abord que *salus*, le mot latin qui, en ligne directe, nous a donné le mot *salut* en français, veut tout d'abord dire *santé*[1]. Cela est déjà vrai en grec et s'entend encore mieux en italien puisque le même mot *salute* est utilisé pour parler tant du salut que de la santé. Quand nous « saluons » quelqu'un, nous lui souhaitons implicitement une bonne santé. Inversement, quand nous buvons à sa santé, nous buvons aussi à son salut. Dans le cas de la santé comme dans celui du salut, il s'agit pour l'homme de retrouver son intégrité, mise à mal soit par la maladie, soit par une façon d'être qui le met en porte à faux à l'égard de lui-même. Comme s'il était divisé, décalé, déporté par rapport à son être profond. Comme s'il vivait à côté de lui-même.

L'intégrité de l'homme ne se dépèce pas. La santé en est l'un des aspects. Il ne faut donc pas être surpris de constater que les conseils prodigués pour tendre à la plénitude d'une vie d'homme ou de femme soient en même temps des conseils favorables à leur santé. L'ascèse, considérée comme art de vivre, n'est nullement une méthode de *mortification*, comme ont voulu nous le faire croire, pendant des siècles, l'idéologie et le discours chrétiens – à bien distinguer, sur ce point, du discours évangélique –, eux-mêmes enracinés dans une idéologie et des discours dualistes plus anciens. C'est, bien au contraire, une méthode de *vivification*. Ce n'est pas vers la mort qu'est tendue la démarche ascétique mais vers la plénitude de la vie[2]. Et la santé est l'un de ses aspects.

C'est pourquoi, de millénaire en millénaire, et sur tous les continents, le « sauveur », quel qu'il soit, a été perçu en tout premier lieu comme un thérapeute, même si le mot n'était pas encore inventé. Bouddha était reconnu comme le grand médecin[3], et Jésus comme un guérisseur qui restaurait la santé de ceux qui s'adressaient à lui[4]. Il manifestait ainsi, de façon à la fois efficace et symbolique, le royaume de vie qu'il prêchait à ses contemporains. D'après les récits qui nous sont parvenus, c'est d'ailleurs plus en tant que thérapeute qu'en tant que prédicateur religieux, maître spirituel ou tribun politique qu'il attirait les foules à lui. S'il était capable de restaurer l'intégrité des malades qui accouraient vers lui en leur rendant la santé, c'est que lui-même jouissait de cette intégrité en plénitude. Il était dans toute la force des termes « sain et sauf[5] »! Ses vertus de thérapeute témoignaient aux yeux de tous de la qualité de sa relation au réel ultime qui est source de tout être et de toute vie.

Il a fallu la lecture paulinienne de la vie de Jésus, reprise par saint Augustin et caricaturée par le concile de Trente, comme tout entière orientée vers le sacrifice, pour que la mort et non une vie pleinement réussie devienne l'objectif premier des chrétiens. D'où la sacralisation de la souffrance, de la maladie et finalement de la mort, qui implique, par effet de retour, une dévalorisation du bonheur, de la santé et tout simplement de la vie. En régime chrétien (je veux dire après Paul, Augustin et les autres), l'homme heureux et en bonne santé est prié de bien vouloir se culpabiliser. Il est nécessairement suspect. Il ne répond pas aux normes du christianisme bien-pensant.

Je ne prétends nullement que tout est simple, que tout est beau, que tout est facile dans nos vies. Il importe aussi de connaître le *bon usage de la souffrance, de la maladie et de la mort*, lorsqu'elles sont inéluctables et sans aucun recours humain. Mais, loin de les rechercher comme d'hypothétiques instruments de sa rédemption, l'homme doit tendre, quoi qu'il en coûte il est vrai, à l'intégrité de sa vie, dans toutes ses dimensions, y compris celle de la santé. Tel est son salut. Il se lèvera suffisamment d'embûches sur son chemin pour qu'il n'ait pas à en créer lui-même. La vie se chargera de lui imposer, au fil des ans, les épreuves nécessaires à son parcours initiatique. Il n'a pas à s'en fabriquer artificiellement. Il n'a pas à se torturer gratuitement. Il ne lui revient pas de se constituer menuisier de sa propre croix mais seulement de la porter quand elle lui est imposée.

L'ascèse, en tant qu'exercice effectué quotidiennement pour accéder à la plénitude d'une vie d'homme, n'est donc nullement une école de privation qui exalterait la privation pour elle-même, une école qui prônerait la mutilation volontaire ou l'autodestruction. Elle n'est pas l'école d'un masochisme qui se serait habilement maquillé en recherche spirituelle. Elle est certes une école de détachement, car il en va de notre liberté intérieure de devenir des hommes et des femmes « sans attaches », mais c'est aussi et avant tout une école d'éveil de la conscience, d'éveil à la vie. Elle n'a d'intérêt que pédagogique.

Pour que la conscience d'un homme puisse s'éveiller et s'épanouir, mieux vaut, bien évidemment, que les neurones de son cerveau aient été soumis à un intense apprentissage, qu'ils fonctionnent avec agilité et que leurs synapses développent et préservent une extrême mobilité. Mieux vaut mettre au service de la consience un support cérébral en bon état de marche.

Mais le cerveau ne vit pas isolément. Il fait partie

d'un tout. Mieux vaut donc que le corps dont il fait partie jouisse sans entrave de toutes ses fonctions. Qu'il jouisse d'une ample respiration, d'une bonne digestion comme d'une élimination efficace. Mieux vaut qu'il actualise et porte à leur optimum toutes ses potentialités. Mieux vaut donc, dans toute la mesure du possible, que l'homme en quête de spiritualité jouisse de son intégrité, y compris sur le plan de la santé. Si ce n'est pas le cas, il devra apprivoiser la maladie et apprendre à en tirer parti.

La maladie est en effet langage. À travers elle, c'est ton corps qui te parle. Tu dois commencer par accepter d'entendre ce qu'il a à te dire, avant de lui intimer l'ordre de se taire, à coup d'analgésiques et d'antalgiques. C'est ton corps qui crie. Il appelle à l'aide. Il ne demande nullement que tu lui imposes une camisole chimique. Il demande à être entendu.

La maladie est souvent un signal d'alarme. Elle attire ton attention sur les dysfonctionnements que tu as laissés s'installer dans ton existence et qui, à la longue, finissent par affecter ton mode d'être. Elle t'appelle à un examen de tes modes de vie. Elle peut exiger de ta part, pour te remettre sur le chemin de la santé, une véritable « conversion » à un autre art de vivre. Bien souvent, elle t'oblige à accomplir la diète, le jeûne et la retraite que tu n'as pas choisi de pratiquer librement. Elle te coupe de tes « distractions » habituelles (à commencer par ton travail ou par tes obligations domestiques). Elle t'entraîne dans un face-à-face avec toi-même que tu as sans doute fui trop longtemps, consciemment ou inconsciemment.

Parfois, elle accomplit en toi un processus cathartique, véritale purification corporelle, préalable obligé de ton retour à la santé.

Les chamans découvrent souvent leur don à travers les souffrances extrêmes d'une maladie qui les conduit jusqu'aux confins de la mort.

Dans tous les cas la maladie est apprentissage de l'impermanence des choses et de la précarité de la vie. Elle nous rappelle que nous sommes mortels. A ce titre, elle peut devenir l'instrument efficace de notre maturité, car nous ne parvenons à la plénitude de notre vie humaine que le jour où nous passons d'une conscience abstraite à une conscience existentielle du fait que notre mort est programmée.

Quand elle survient, la maladie joue donc un rôle essentiel dans nos vies. Mais l'objectif premier n'est pas pour autant d'être malade et de souffrir. L'objectif premier est de vivre. Présent à soi-même, présent aux autres, présent à l'univers qui nous entoure. De vivre éveillé, à la fine pointe de la conscience.

Ce qui suppose, entre autres, une santé aussi bonne que possible. Les moines de toutes les traditions en donnent d'ailleurs l'exemple. Ils vivent souvent très vieux et meurent, comme on dit, « de leur belle mort », à un âge avancé. Ils ont consacré leur vie à la recherche de l'essentiel, mais cet essentiel supposait en préalable le respect de leur intégrité et, par le fait même, de leur santé.

Celui ou celle qui, au niveau de sa conscience, laisse émerger la conscience éveillée du monde devient par la force des choses un canal pour cette énergie primordiale qui fonde en nous l'être, le mouvement et la vie. Il n'y a par conséquent aucune surprise à ce qu'il déborde de vitalité. Sa joie comme sa santé sont contagieuses. Sa simple présence est apaisante et, s'il n'accomplit pas toujours des miracles à la manière des récits merveilleux qui émaillent la littérature religieuse, il contribue à créer un climat indubitablement favorable à l'épanouissement de la vie.

On reconnaît l'arbre à ses fruits.

6.

Du bon usage du sommeil et de l'éveil

Il est un temps dans la vie de l'homme où ses activités proprement humaines et une grande partie de ses activités animales sont ralenties, mises en veilleuse ou complètement suspendues. Un temps pendant lequel sa vie végétative semble prendre le dessus. Un temps qui peut paraître perdu pour l'éveil de la conscience. C'est le temps du sommeil.

Et pourtant, si tu veux accéder à l'éveil, il te faut tout d'abord apprendre à dormir.

Que ton sommeil soit franc, pour que franc soit ton réveil. De la qualité de ton sommeil dépend en effet pour une bonne part la qualité de ton état d'éveil. Plus ton sommeil est régénérateur, plus il te permet de puiser aux sources primordiales de l'énergie et de la vitalité, plus ton esprit, au réveil, sera alerte et branché sur la réalité du monde. Mieux tu seras présent à toi-même dans toutes les activités de ta vie.

Ce désir d'éveil est si fort chez l'homme que, de tout temps, il semble avoir cherché des drogues pour maintenir vive son attention. Dans ce domaine, son imagination est sans limites. Tout ce qui altère son état de conscience le fascine au point de l'entraîner à se créer des habitudes. Du café au LSD, en passant par l'absinthe et l'alcool et toutes les formes, plus ou moins socialisées, d'excitants chargés, du moins dans un premier temps, de maintenir sa conscience en état d'alerte. Peut-être pense-t-il parachever ainsi son hominisation au moindre coût. Peut-être espère-t-il échapper, comme par miracle, aux contraintes de la pesanteur. Atteindre, même de façon fugitive, la fulgurance de l'esprit. Trouver, en quelque sorte, un raccourci pour aller droit au but et faire l'économie de l'ascèse, c'est-à-dire des exercices persévérants et quelque peu fastidieux, en vue d'acquérir une certaine maîtrise de sa vie. Il espère devenir virtuose en éveil de la conscience sans avoir à travailler sur lui-même ni avoir à faire ses gammes. Il choisit la pente de la facilité. Quitte ensuite à en payer chèrement le prix.

A le regarder de plus près, le problème de la drogue apparaît très lié à celui de la spiritualité. Ou, plutôt, à celui de l'absence de spiritualité.

Je ne nie pas qu'on puisse, dans des situations exceptionnelles, avoir recours à des moyens exceptionnels [1]. Il n'est pas de règle qui ne se transgresse. Je ne nie pas non plus, même si cela reste discutable, que les drogues de l'éveil aient pu avoir des effets bénéfiques sur l'inspiration créatrice de certains artistes, de poètes en particulier, ou bien qu'elles aient permis à certains chercheurs d'explorer des zones encore inconnues de notre subconscient [2]. Je n'exclus même pas, mais cela n'est pas de ma compétence d'en juger, que l'usage de certaines drogues aient pu jouer un rôle décisif dans l'histoire de l'évolution et provoquer l'avènement de l'homme tel que nous le connaissons aujourd'hui [3]. Ni même que, employé avec discernement, il puisse en jouer encore un dans l'avenir.

Mais, pour pouvoir juger sainement d'une démarche, il convient de mettre dans la balance, d'un côté, les effets de libération qu'elle procure et, de l'autre, les effets d'aliénation qu'elle entraîne, y compris de façon secondaire. Tout ce qui engendre en nous une dépendance à l'égard d'un facteur extérieur est hautement suspect d'altérer notre liberté intérieure et d'aller à l'encontre du développement de notre conscience. Dans la quête d'une authentique spiritualité, c'est l'un des premiers critères de discernement.

Les drogues de l'éveil, comme on peut facilement le constater, appellent inéluctablement les drogues du sommeil. Celles-ci sont socialement mieux admises et, de ce fait, leur consommation est statistiquement plus mesurable. A en croire les chiffres connus, elle croît de façon vertigineuse dans nos sociétés occidentales, dites civilisées. Leur composition ne cesse de se diversifier. Leurs effets de s'affiner. Le sommeil chimique atteint ainsi des sommets au « hit-parade » des prothèses que nous affectionnons de porter dans notre civilisation raffinée.

Et pourtant un sommeil sans drogue est la meilleure recette pour nous désaliéner peu à peu des drogues de l'éveil. Comme une plongée dans une fontaine de Jouvence. Il est la première condition de notre régénération. Il nous faut donc partir à sa reconquête. A la reconquête de notre liberté.

Pour cela, il nous faut commencer par entrer dans

l'intelligence du sommeil. Celui-ci est en effet rythmé par une série de cycles qui comportent chacun une période de sommeil profond, une période de sommeil paradoxal, au cours duquel nous rêvons, et une brève période de sommeil extrêmement léger, propice au réveil. Le sommeil est un temps mystérieux, éminemment personnalisé qu'il nous faut savoir respecter. La durée de ses cycles est spécifique à chacun. Mon rythme n'est pas nécessairement identique au tien.

Le « connais-toi toi-même », qui, depuis l'Antiquité grecque, nous est donné comme première clé de la sagesse, ne vise pas seulement l'introspection psychologique ni le tourment métaphysique : « Qui suis-je ? d'où viens-je ? où vais-je ? » Il commence plus prosaïquement par la connaissance de son propre cycle de sommeil.

Dans toute la mesure du possible, ne programme pas ton réveil à l'aide d'un « réveil » extérieur, fût-il musical et électronique. Programme-le, par la seule force de ton esprit, à la fin de l'un de tes cycles : le troisième, le quatrième ou le cinquième, car ce sont les meilleurs moments pour te réveiller frais et dispos, et pour retrouver en toute liberté l'exercice de ta conscience éveillée.

Tout cycle brutalement interrompu ne peut que perturber ton équilibre intérieur et t'empêcher de commencer la journée du bon pied. Il te faudra du temps pour récupérer tes esprits et tu seras alors tenté d'appeler à la rescousse les drogues de l'éveil, ne serait-ce qu'en buvant « un petit café bien serré ». Ainsi, sans y prendre garde, commence avec ta journée le cercle vicieux de ta dépendance et de ta perte de liberté.

La « fée électricité » a déporté vers le soir le temps pendant lequel nous restons éveillés. Dans nos régions tempérées fortement marquées par les saisons, le décalage avec le coucher du soleil devient même très important en hiver. Nous vivons une bonne partie de la nuit. Mais la veille du soir, après les multiples agressions que subit notre système nerveux au cours d'une journée, même considérée comme « normale », est loin d'avoir la qualité de la veille du petit matin, en attendant l'aurore[4]. Avant que ne se mette en marche l'agitation de notre vie sociale.

Chaque fois que cela t'est possible, lève-toi pour devancer et saluer le lever du soleil et préserve pour ta vie intérieure ce temps privilégié qui précède le démarrage de la journée. C'est le temps du silence. Ce n'est ni celui du bavardage avec ton compagnon ou ta compagne, ni celui de la radio, ni celui de l'agitation mentale. C'est le temps de l'apaisement. Une sorte de prolongation du sommeil, la conscience en plus.

Que ta couche ne soit pas trop molle. Sans aller jusqu'à coucher à même le plancher de ta chambre, veille à ne pas t'enfoncer dans un matelas trop moelleux. Le sommeil appelle l'abandon de toutes nos crispations, il n'appelle pas l'effondrement de l'ensemble de nos structures, et en particulier pas celui de notre colonne vertébrale. Ce que nous devons apprendre à lâcher, ce sont toutes les tensions accumulées consciemment ou inconsciemment dans notre corps au cours de la journée, dans un univers relationnel qui comporte sa part d'affrontements et de conflits. Le corps que nous sommes est comme une chambre d'enregistrement qui garde jalousement la trace de tout ce que nous vivons. Il ne cesse, selon l'expression populaire, d'encaisser les chocs, jusqu'au jour où, sa capacité à souffrir en silence étant dépassée, il n'a plus d'autre issue que de se manifester par la maladie, la dépression et parfois la mort.

Le sommeil a pour fonction, entre autres, de dénouer, aussi profondément que possible, tous ces nœuds que serre en nous notre vie active. Il n'a pour fonction ni de nous avachir ni de nous déstructurer.

Chaque fois que nous parlons d'abandon et de « lâcher prise », il conviendrait de bien préciser ce qui doit être abandonné et lâché, car l'homme, pour se développer, a avant tout besoin de se construire et de se charpenter. Il a besoin d'une colonne vertébrale bien reliée, à la fois ferme et souple, pour assurer sa verticalité. Pour cela, il doit éviter tout autant l'affaissement que la sclérose. Ce qu'il doit apprendre à lâcher, ce sont toutes les tensions parasites, toutes les crispations, toutes les implications inutiles de sa volonté dans des processus que son corps est programmé pour assurer par lui-même. Nullement les articulations structurantes qui font de lui un être qui tient debout.

Une couche trop molle ne détend pas forcément nos tensions. Cela suppose un travail sur soi-même qui est d'un autre ordre. Mais elle peut entraîner à la longue un affaissement de notre structure porteuse et peut réserver des remises en route matinales difficiles car il nous faut alors tout reconstruire et tout remettre en place pour retrouver notre verticalité.

Que ton repas du soir reste léger. S'il est vrai qu'un

repas copieux et copieusement arrosé entraîne la somnolence, il ne s'ensuit nullement qu'il favorise un sommeil régénérateur. Il impose à l'organisme un travail de digestion, d'assimilation et d'élimination qui évoque davantage un champ de bataille qu'un repos bénéfique. Le corps doit alors faire face à l'intrusion d'hôtes pour lesquels il n'est pas véritablement programmé, et se voit dans l'obligation d'organiser ses défenses. Toutes ses énergies sont mobilisées par ces tâches de première urgence et ne sont plus disponibles pour régénérer l'organisme en profondeur. Il n'est pas étonnant, dans ces conditions, que des réveils accompagnés par une sérieuse « gueule de bois » soient difficiles, et que plusieurs heures soient parfois nécessaires pour récupérer ses esprits, c'est-à-dire l'usage pleinement humain de sa conscience.

Apprendre à s'endormir, c'est apprendre aussi à accepter une modification de son état de conscience. Tant le sommeil profond que le rêve nous entraînent dans des états de conscience très différents de celui que nous connaissons à l'état d'éveil. Cela ne va pas sans poser la question de savoir lequel de ces états correspond le plus à la réalité du monde. Quand je dors du sommeil profond, que devient le « moi » qui structure ma conscience à l'état d'éveil et qui me permet de m'exprimer comme un « je » ? Et quand je dors du sommeil paradoxal, quel est ce « je » auquel il arrive des aventures qui paraissent tout aussi réelles que celles de la vie éveillée, et qui peut avoir des intuitions dont le souvenir est éminemment précieux ? Ce récit de Zhuang Zi est bien connu : « Un jour, Zhuang Zhou rêvait qu'il était un papillon : il en était tout aise d'être papillon ; quelle liberté ! quelle fantaisie ! il en avait oublié qu'il était Zhou. Soudain il se réveille, et se retrouve tout ébaubi dans la peau de Zhou. Mais il ne sait plus si c'est Zhou qui a rêvé qu'il était un papillon, ou si c'est un papillon qui a rêvé qu'il était Zhou[5]. »

Ces passages d'un mode de conscience à un autre sont infiniment mystérieux mais s'opèrent sans problème dans une vie harmonieuse. Nous ne gardons pas nécessairement le souvenir de nos rêves mais cela ne les empêche pas de jouer leur fonction dans notre vie, à la manière de la respiration. Si par contre, sous l'effet de son induction chimique, notre sommeil artificiel nous prive trop longtemps de nos rêves, alors l'équilibre de notre état de veille peut être sérieusement compromis. Jusqu'à nous faire sombrer dans la dépression.

L'apprentissage de l'endormissement est aussi, d'une certaine façon, l'apprentissage de la mort puisqu'il est l'apprentissage d'un passage à un autre mode de conscience, dont notre conscience éveillée accepte de perdre la maîtrise. S'endormir, c'est en effet accepter de se perdre, sans avoir la certitude de se retrouver. S'endormir, dormir et se réveiller, c'est rejouer chaque jour le mystère de sa propre mort et de sa renaissance. C'est accepter de voir sa conscience soumise, à l'instar de la respiration, à la loi de l'inspir et de l'expir, de la présence et de l'absence, de la mémoire et de l'oubli.

C'est accepter, un jour, d'expirer.

7.

Du bon usage des quatre éléments

Depuis des millénaires, la tradition occidentale identifie dans l'univers quatre éléments fondamentaux : la terre, l'eau, l'air et le feu, qui entrent dans la composition des êtres et des choses que nous connaissons[1]. La vision spontanée et naïve que j'en ai aujourd'hui, fondée sur l'expérience immédiate que j'en fais, est sans doute assez éloignée de l'interprétation symbolique que Pythagore et son école semblent en avoir proposé[2]. Elle n'est pas non plus susceptible de répondre aux exigences de l'analyse scientifique contemporaine. Mais, parce qu'elle se fonde sur l'expérience concrète que j'ai des êtres et des choses, elle garde une certaine pertinence, comme grille de lecture, dans l'élaboration de mon art de vivre.

Je foule la *terre* à mes pieds et me nourris de ses produits.
Je respire sans interruption l'air de l'atmosphère.
Mon corps est, pour une grande part, composé d'*eau*.

Quant à la plupart des merveilles qui m'entourent, je les dois au *feu* du soleil qui prodigue chaleur et lumière.

Ces quatre éléments sont notre pain quotidien et nous pouvons en effet prier qu'ils ne viennent jamais à nous manquer car sans eux nous ne pouvons pas même imaginer la vie.

A chacun d'entre eux, la tradition ésotérique a fait correspondre une figure emblématique :

à la terre, le taureau,
au feu, le lion,
à l'eau, l'aigle (!)
et à l'air, l'homme verseur d'eau.

Dans le zodiaque *tropical* qu'utilisent les astrologues[3], ces figures représentent les « signes » placés au cœur de chacune des quatre saisons. On les appelle les signes *fixes* parce que la saison, n'étant alors ni à son début ni à sa fin, se trouve stabilisée, fixée en quelque sorte, dans ses qualités. Chacun de ces quatre signes fixes correspond ainsi à l'un des quatre éléments :

le Taureau, au cœur du printemps, est un signe de terre,
le Lion, au cœur de l'été, est un signe de feu,
le Scorpion, au cœur de l'automne, est un signe d'eau,
le Verseau, au cœur de l'hiver, est un signe d'air.

Ces quatre figures emblématiques se trouvent déjà dans la mythologie babylonienne comme dans les textes apocalyptiques de la Bible, en particulier dans les visions d'Ezéchiel et d'Isaïe. La tradition chrétienne s'en est saisie à son tour et les a attribuées aux quatre évangélistes :

à Matthieu, le taureau,
à Marc, le lion [4],
à Jean, l'aigle [5],
et à Luc, le verseur d'eau.

Cette imagerie, que nous retrouvons aussi bien sur le pavage mosaïque de synagogues antérieures à notre ère, au plafond de certains temples égyptiens qu'au tympan des cathédrales chrétiennes, imprègne notre univers symbolique. Lorsque le tarot, dans son vingt et unième arcane majeur, veut récapituler le monde entier, il nous présente une silhouette féminine entourée des quatre éléments et nous signifie ainsi que la vocation de l'homme est de savoir composer avec eux. Que sa vocation est, à partir de ces quatre essences, d'en faire émerger une cinquième. Autrement dit, d'en tirer la *quintessence*.

Cette vision traditionnelle, sans prétention scientifique aucune, peut encore servir de grille de lecture pragmatique pour notre expérience quotidienne de la vie. Les quatre éléments sont une donnée de la nature. Ils sont nécessaires à l'éclosion et au développement de la vie [6]. Ils sont nécessaires au bon déroulement de la nôtre. A nous d'en faire un bon usage et de savoir en jouer.

Du bon usage de l'air

Nous avons limité, dans notre usage courant, le sens du mot « appétit » à notre désir de nourriture. Les Latins lui donnaient un sens beaucoup plus large et l'utilisaient pour désigner tout processus destiné à satisfaire un désir ou un besoin d'appropriation. L'appétit étant alors une des caractéristiques du monde animal.

C'est ainsi qu'à sa naissance le premier appétit que manifeste le nouveau-né, de manière irrépressible, est un appétit pour l'air qui, tout d'un coup, l'environne de toute part. Il en aspire alors sa première bouffée et libère son premier cri. Il inaugure ainsi sa vie. Elle ira de son premier à son dernier souffle, sa durée se révélant adéquate à celle de son souffle, du moins si l'on fait abstraction des définitions plus récentes de la mort qui tiennent compte avant tout de l'activité cérébrale, mesurable instrumentalement.

Respirer c'est vivre et, pour notre expérience quotidienne, vivre c'est en tout premier lieu être capable de respirer. Il y a une telle adéquation, tant qualitative que quantitative, de la respiration à la vie qu'on peut s'étonner du peu de soin et d'attention que nous lui accordons de façon habituelle.

C'est pourtant la respiration qui, en remplissant d'air le réservoir de nos poumons, environ sept cents millions de fois dans une vie de septuagénaire[7], nous apporte le carburant dont nous avons un besoin absolu pour survivre. Privés d'air au-delà de quelques minutes, nous nous trouvons en effet en péril de mort. La respiration assure donc la première et la plus fondamentale des communications que nous entretenons avec notre écosystème. C'est elle qui, la première, nous alimente en énergie. Sans contacts humains, nous pouvons survivre quelques années. Sans nourriture, quelques semaines. Sans boisson, quelques jours. Sans air, à peine quelques minutes.

L'Inde attribue à l'air que nous aspirons une valeur énergétique infiniment supérieure à sa seule richesse en oxygène. Pour elle, il ne s'agit pas seulement de chimie, même si la chimie reste essentielle dans l'affaire, mais d'une valeur d'un autre ordre, plus subtil. Pour elle, il s'agit du *prana*, l'une des formes essentielles de l'énergie primordiale. S'assurer de son continuel renouvellement et de sa bonne circulation dans tout le corps par le contrôle de la respiration est l'une des techniques de base des différentes formes de yoga. On connaît le cycle à quatre temps qui rythme la méditation des yogis : l'inspir approfondi ; la rétention, poumons pleins ; l'expir ralenti, et l'apnée, poumons vides. La maîtrise de leur respiration est pour eux le premier pas vers la sagesse. On retrouvera une idée analogue chez les Chinois pour qui le *qi* (comme dans *qi gong*) peut se traduire comme *souffle* ou comme *énergie.*

D'ailleurs, nous pouvons tous facilement constater qu'au-delà de l'apport régulier en oxygène qu'elle assure la respiration nous permet, quand nous y prenons garde, de contrôler, au moins partiellement, nos émotions. Toute émotion forte affecte en effet notre respiration, qu'il s'agisse de la joie, de la surprise, de la colère ou de l'angoisse. Dans certains cas elle s'affole. Dans d'autres, elle se bloque. Certains émerveillements vont jusqu'à nous « couper le souffle » !

C'est une des lois de notre humanité qu'en nous toute fonction vitale a des répercussions sur les autres. Il n'est donc pas surprenant que notre respiration traduise (et, dans certains cas, trahisse) l'état de notre psychisme. Mais réciproquement, l'attention portée à la respiration peut en partie nous permettre de maintenir notre psychisme sous le contrôle de la conscience. D'où son importance pour la maîtrise des émotions. D'où son rôle tant sur le chemin du sommeil, qu'elle favorise en apaisant notre rythme respiratoire, que sur celui de l'éveil, qu'elle provoque au contraire en l'intensifiant.

Si, comme nous l'avons vu, un bon sommeil assure les conditions préalables à l'éveil de la conscience, la qualité de la respiration, à son tour, en assure la stabilité et lui permet de se maintenir en toute sérénité en dépit des aléas de la vie. Prendre conscience de sa respiration (dans un premier temps, tout juste en prendre conscience), puis peu à peu en maîtriser le rythme sont donc les premiers pas sur le chemin de l'éveil.

Souviens-toi que tu vis comme tu respires.

Il ne nous sert à rien de forcer notre inspir si nous n'avons pas commencé par expirer profondément. Ici, comme dans d'autres domaines de la vie, le plus difficile est d'apprendre à faire le vide en soi.

Apprendre à expulser de nos poumons tout l'air vicié que nous avons tendance à conserver, peut-être par une peur paradoxale de manquer, permet à l'air ambiant de les emplir en abondance sans que nous ayons tellement à nous en préoccuper. En effet, selon l'antique principe des physiciens, devenu un adage populaire, « la nature a horreur du vide ». Quand ils sont bien vidés, nos poumons s'emplissent spontanément d'air renouvelé.

Il nous faut donc entretenir l'élasticité de notre cage thoracique, la lui rendre si d'aventure nous l'avons perdue, pour qu'elle puisse jouer à plein son rôle de soufflet entre les mains du maître des forges. Il nous faut aussi muscler notre diaphragme pour qu'il puisse, avec force, finir de vider l'air pollué qui nous encombre. On peut dire, en des termes qui peuvent paraître prosaïques, mais qui collent à notre réalité anthropologique, que « la maîtrise de soi commence par celle du diaphragme[8] ». De plus, celui-ci profite de son va-et-vient incessant pour masser tous nos organes de la digestion d'un massage interne irremplaçable, ce qui n'est que bénéfice pour le bon fonctionnement du corps que nous sommes. Car tout se tient.

Afin de garder intacte ta capacité respiratoire, accomplis donc chaque jour quelques exercices de respiration. Comme le pianiste ou le violoniste accomplissent chaque jour leurs gammes s'ils veulent conserver la maîtrise de leur art. Point n'est besoin pour cela de te compliquer la vie en programmant à cet effet un temps particulier qu'il faudrait inscrire sur ton agenda. Il existe suffisamment de temps creux dans nos vies, d'interstices que nous avons tendance à considérer comme des moments perdus, au cours desquels nous n'avons strictement rien d'autre à faire que de respirer. A nous de savoir en profiter ! A nous de savoir transformer ces moments d'ennui en moments de jouissance de l'air qui se livre sans compter à nos poumons ! A nous d'apprendre à respirer lentement, longuement, doucement, finement, jusqu'à parvenir à contrôler notre souffle [9].

Du bon usage de l'air dépend ainsi l'intensité de notre feu intérieur. Attisé par la puissance du souffle, il consume au plus profond de notre organisme les éléments hétérogènes et parasites que nous devons éliminer pour maintenir la qualité du milieu dans lequel sont astreintes à vivre nos deux cent vingt milliards de cellules. Du bon usage que nous faisons de l'air dépend donc notre purification intérieure par le feu [10].

Cela suppose que nous respirions un air aussi pur que possible. Si l'air que nous inspirons est pollué, avec quoi le dépolluera-t-on ? Avec quoi pourrons-nous nous dépolluer intérieurement ?

Le bon usage de la vie, on le voit, n'est donc pas affaire purement individuelle. Il revêt une dimension collective. Une dimension à vrai dire planétaire. Nous sommes en effet tributaires, de génération en génération, du soin et surtout du manque de soin que l'humanité accorde collectivement à la planète qui la porte. Nous subissons par contrecoup les effets des traitements que nous lui infligeons. Car ce qui vaut pour l'air que nous respirons vaut aussi pour l'eau que nous buvons et pour les aliments dont nous nous nourrissons. Leur qualité conditionne directement la qualité de notre vie.

L'un des premiers critères pour juger du « progrès » que l'homme prétend accomplir en société est le respect amoureux qu'il témoigne à la planète qui le porte, et dont l'équilibre aux innombrables facettes se prête de façon si étonnante à l'éclosion et au développement de la vie. On ne viole pas impunément la nature. Dans le rapport subtil que la culture entretien avec la nature, le propre de la première n'est pas de violer la seconde, mais bien plutôt d'apprendre à jouer avec les lois qui la régissent pour l'entraîner, au-delà d'elle-même, sur les chemins de l'esprit.

Du bon usage de la terre

Si le ciel fournit une métaphore privilégiée pour signifier Dieu le père[11], sous les nombreux noms que la diversité des cultures a pu lui donner au cours des millénaires, la terre sert tout aussi immanquablement de référence première pour désigner la Déesse Mère. Elle est la mère de l'humanité. Sa matrice. Le sein qui la porte et la nourrit. Fécondée par l'eau, l'air et la lumière, la terre nous fournit tout ce dont nous avons besoin pour vivre.

Elle est le trésor de l'humanité. C'est pourquoi elle devrait appartenir à tous les hommes en général et n'appartenir à personne en particulier. Ce qui revient à dire, en reprenant le langage religieux d'autrefois, que la terre n'appartient qu'à Dieu [12]. Toute appropriation d'un lopin de terre et de ses fruits devrait être considérée comme un détournement foncier. Je me vois contraint d'écrire au conditionnel tant notre société s'est écartée de cette vision paradisiaque de la vie sur terre. Il est à regretter pour l'humanité que le détournement de l'idéologie communiste de son intuition originaire, son inversion en dictature du prolétariat et en centralisme démocratique, ainsi que son échec irréversible au cours du XXe siècle, aient sonné le glas d'une utopie dont l'humanité, pour autant, ne cesse d'avoir le plus grand besoin. Son essor démographique à l'échelle planétaire n'est un fléau qu'en fonction de l'extrême inégalité dans la répartition des richesses entre le Nord et le Sud, entre les pays industrialisés et les autres. La population actuelle de la planète ne peut pas encore être qualifiée de surpopulation au sens strict du terme. Avant d'y parvenir, bien des régulations peuvent encore intervenir pour la contenir dans des limites supportables pour la planète. Notre problème actuel n'est donc pas, avant tout, de faire face à la surpopulation, même s'il convient dès maintenant d'en maîtriser la croissance, mais bien d'inventer une traduction géopolitique, à la mesure de notre temps, du mode de vie des premières communautés chrétiennes dont il est dit que tous les biens étaient mis en commun et qu'ils étaient distribués à chacun selon ses besoins. Si nous parvenions à incarner cet idéal, à mettre cette théorie en pratique, il n'y a guère de doute que la terre suffirait encore à pourvoir aux besoins de l'humanité.

La Genèse nous raconte que l'homme a été façonné à partir du limon de la terre et le livre de la Sagesse nous rappelle que poussière nous sommes et que nous retournerons à la poussière. Toutes les traditions aiment à nous rappeler nos origines terriennes. Nous sortons en effet du ventre de la terre.

C'est pourquoi, sur le plan symbolique, la terre a souvent représenté pour l'homme les entrailles de sa propre mère. S'il est nécessaire, pour renaître, de retourner symboliquement dans le scin de sa mère, alors il n'est pas surprenant que l'homme, à travers ses rites, ait constamment recherché l'enfermement dans la hutte, l'entrée dans la grotte, la descente dans la caverne, l'enfouissement dans la terre, pour mieux en resurgir. L'enterrement (au sens étymologique du terme de mise en terre) est la condition de la renaissance, le préalable à toute résurrection. « L'inhumation à laquelle l'homme se prête ainsi est souvent assimilée à un retour dans la matrice tellurique où, telle une graine qui va germer, le néophyte se soumet, dans l'ombre, la chaleur et l'humidité, aux influx régénérateurs. On sait que le mot *néophyte* signifie en grec "nouvelle plante" et que toute éclosion s'opère à l'abri de la lumière, dans le monde chtonien qui représente un principe de perfection passive soumis à l'activité céleste. La semence, enfouie dans le sol, est en effet fécondée par la pluie et le soleil – les Eaux et le Feu d'en haut[13]. »

Ces temps d'inhumation symbolique que l'on retrouve dans presque tous les rites initiatiques (le christianisme leur préférant, pour son baptême, l'immersion complète dans un autre élément, l'eau) ne peuvent être que rares et ne durent évidemment que peu de temps. Au contraire, notre contact avec la terre par la *plante* des pieds (nous retrouvons de nouveau le mot *plante* emprunté à l'univers végétal !) devrait, lui, être constant. Il est notre *prise de terre* naturelle qui devrait nous éviter, si nous savions y recourir, de fonctionner trop exclusivement sur les plans affectif ou mental. Nous éviter, comme c'est son rôle dans nos installations électriques, de finir par disjoncter. Plus nous avons les pieds sur terre et mieux nous sommes armés pour partir à l'exploration du monde entier. Plus nous avons les pieds sur terre et mieux nous pouvons conquérir la verticalité et tendre vers le ciel. Comme un arbre.

N'oublie jamais l'arbre que tu es, même s'il n'est pas le tout de toi. Ne perds jamais contact avec ses racines et laisse monter en toi, sans entrave, sa sève et sa verticalité.

Chaque fois que l'occasion s'en présente, empresse-toi donc de libérer tes pieds de la prison dans laquelle ils souffrent à longueur de journée, loin de l'air, de la lumière, de l'eau et de la terre auxquels ils aspirent sans pouvoir trop protester. N'oublie jamais que chacun d'entre eux est composé d'une trentaine de petits os qui ont besoin d'aise pour bien s'articuler. Marche nu-pieds avec volupté. Dans l'herbe. Sur le sable. Sur les rochers. Et même sur le gravillon du chemin. Ce massage plantaire est, par effet réflexe [14], bénéfique à ton corps tout entier. Tes pieds sont en effet à l'image de ton corps. Crispés et douloureux si celui-ci est noué et tendu, ils font jouer leurs innombrables articulations avec plaisir si ton corps n'est pas trop encrassé par toutes sortes de déchets. A eux seuls, ils peuvent, sous une main experte, raconter ta vie. Livre-moi tes pieds, et je te dirai qui tu es.

Loin de les cacher, nous devrions les entourer de la plus grande attention. Les laver, les oindre, les masser. Il était de tradition, dans l'Antiquité, d'offrir à ses hôtes un lavement des pieds. Jésus en a immortalisé le geste. L'Eglise aurait pu en faire un sacrement. Le geste, s'il était offert aujourd'hui sans préparation, paraîtrait incongru. Il serait pourtant un signe d'amour ou d'amitié aussi efficace qu'une boisson rafraîchissante et plus pertinent que bien d'autres rites contemporains de l'hospitalité. Il serait un hommage à notre condition terrestre.

Comme est un hommage à la terre le fait de se prosterner pour la baiser, à l'arrivée sur un continent ou sur un territoire nouveau, ou tout simplement sur un lieu de prédilection. C'est une marque d'attention qui tranche avec la distraction qui caractérise notre comportement habituel à l'égard de la terre.

Si nous étions très attentifs, il est probable que nous deviendrions susceptibles de percevoir la qualité des radiations diverses qu'elle émet en chacun de ses lieux. Selon la nature des veines minérales qui structurent son sol à plus ou moins grande profondeur, selon les nappes ou les courants d'eau souterrains qui la creusent et la traversent, selon l'orientation que nous prenons par rapport aux pôles magnétiques, la terre nous adresse des messages différents, auxquels nous ne prêtons généralement aucune attention. La légère radioactivité des sols granitiques et l'accumulation dangereuse dans certaines circonstances du gaz qu'ils émettent, le radon, sont des phénomènes bien connus des scientifiques, mais ces derniers restent, de façon générale, assez réticents à reconnaître et à étudier la cartographie complexe des courants divers qui parcourent la surface de la terre.

Quant à nous, nous en sommes généralement réduits à constater qu'il est des lieux dans lesquels nous nous sentons divinement bien, alors qu'il en est d'autres que nous sommes impatients de fuir. Sans que nous puissions nous l'expliquer. Un peu comme dans le mystère d'une rencontre entre deux êtres humains.

Lorsque nous voulons être présents à nous-mêmes, dans la verticalité, pour n'être qu'attention au réel qui nous habite, la plupart des traditions nous conseillent de nous « orienter », c'est-à-dire de nous placer face à l'orient, ce qui revient à nous tourner vers l'est où chaque matin le soleil se lève, puisque telle est l'origine du mot orient *(sol oriens*, soleil levant). Si le soleil semble se lever à l'est et poursuivre sa course céleste vers l'ouest, c'est parce que la terre, elle, tourne en sens inverse et bascule vers l'est. Quand nous nous plaçons face à l'orient, nous nous plaçons en fait dans le sens de la rotation de la terre. Nous accompagnons son mouvement. En quelque sorte comme les voyageurs qui préfèrent s'asseoir dans le sens de la marche du train ! Qui, autrement, ont le sentiment d'aller à contre-courant. Se tourner vers l'orient, c'est se mettre dans le sens de la marche de la terre. C'est se laisser porter par son courant.

C'est pourquoi les temples et les églises sont traditionnellement orientés. Ils sont construits de telle sorte que leur porche principal se trouve à l'ouest. Les fidèles, en entrant, marchent vers l'est. Et, quand ils s'arrêtent pour se recueillir, se retrouver eux-mêmes, ils sont alors face à l'orient. Si, dans la vie de tous les jours ils sont « désorientés » par tout ce qu'ils vivent, ici, du fait même de l'implantation du lieu, ils se trouvent à nouveau « orientés » et, par là même, déjà quelque peu apaisés.

Pour désigner les mégapoles contemporaines, nous parlons parfois d'agglomérations urbaines. Un agglomérat est une structure touffue dont les fibres partent dans tous les sens. Quand nous sommes pris dans ses rets, nous y perdons le nord. Littéralement. Et par conséquent l'orient. Il est donc essentiel que ces agglomérations soient aérées par des lieux accueillants et orientés, où l'on n'ait rien d'autre à faire qu'à exister, qu'à respirer, qu'à être présent, qu'à s'orienter. Des lieux d'intériorité dans un océan d'extériorité. Des lieux de protection au cœur d'un univers ressenti comme tissé d'agressions de toute nature.

Les lieux de culte remplissent encore partiellement ce rôle, du moins dans les centres historiques de nos cités. Nous n'avons pas encore sécularisé leur fonction qui est pourtant essentielle à chacun d'entre nous, quelle que soit notre appartenance ou non-appartenance religieuse. Nous devrions donc nous mobiliser pour que le tissu urbain qui prolifère à la périphérie de nos villes soit aéré par des lieux qui offrent les conditions d'une pacification intérieure, indépendamment de toute adhésion à une idéologie religieuse. Des lieux de spiritualité séculière.

La terre, dans certains cas, peut aussi constituer un précieux médicament. Lorsque mon chien est malade, il n'a recours spontanément qu'à trois thérapies. Il se met à manger de l'herbe, à jeûner, ou encore à se rouler dans la boue et à en absorber une petite quantité. C'est qu'il connaît, instinctivement, les vertus thérapeutiques de la terre et, plus particulièrement, de l'argile. La médecine officielle accepte sur ce dernier point de se mettre à son école. Elle reconnaît la vertu antiphlogistique des cataplasmes d'argile et prescrit parfois l'absorption d'argiles raffinées pour leur pouvoir adsorbant qui permet d'assainir, tout au long de son parcours, un tube digestif irrité. Il ne s'agit évidemment pas d'en faire une panacée, mais dans certaines détresses il est du bon usage de la terre que de savoir trouver en elle un remède. Les minéraux qui la composent, même de façon infinitésimale comme les oligo-éléments, entrent aussi dans la composition de nos cellules et la médecine sait y puiser de façon subtile soit pour compenser nos carences soit pour stimuler certaines de nos fonctions endormies.

Du bon usage de l'eau

L'eau que nous offre la pluie, qui coule dans nos ruisseaux, nos rivières et nos fleuves et se met en réserve dans nos lacs, nous est offerte pour irriguer la terre et permettre l'efflorescence de la végétation. Elle nous est aussi donnée pour étancher notre soif et pour permettre nos ablutions, souvenir peut-être des temps très lointains où toute vie sur terre était aquatique.

C'est l'eau de la régénération.

Pénétrer dans l'eau courante de la rivière ou du fleuve, plonger dans les eaux du lac ou de la mer, nous permet d'abandonner la fatigue du jour, d'arracher les soucis de notre esprit, de nous dépouiller de notre vieille peau et de renaître à une nouvelle vie. Avant même de recevoir, au désert où l'eau se fait si rare, le sens d'un baptême qui lave l'âme autant que le corps[15] et de devenir le rite initiatique du christianisme, l'immersion dans l'eau porte déjà en elle la vertu efficace d'une certaine re-naissance.

Le bain pris après une journée de labeur, la douche fraîche après une chaude après-midi d'été nous font oublier la pesanteur de la vie. Ils nous rendent plus légers tout en nous redonnant force et vigueur. Nous en faisons l'expérience tous les jours, du moins si nous avons le privilège de vivre en des temps et des lieux où l'eau est suffisamment abondante. En rentrant du travail et avant d'aborder la vie sociale de la soirée, nous aspirons instinctivement à bénéficier, sous une forme ou une autre, du contact avec l'eau. C'est ce qui nous permet d'entamer comme une seconde journée.

J'ai le privilège de vivre de temps en temps sur la côte bretonne. Les bains dans l'eau de mer se métamorphosent pour moi en séquences de ce que les Américains ont baptisé *rebirth*. Des temps de renaissance. Au lieu de faire la planche sur le dos, je me laisse flotter sur le ventre, la tête dans l'eau, les yeux grands ouverts, les bras et les jambes écartés, abandonné au seul mouvement de l'eau. Comme si je retrouvais le ventre de ma mère. Un milieu aquatique suffisamment dense, une lumière tamisée, la perception atténuée des galets ou des algues. Je m'abandonne dans cet environnement primordial, le temps que permet mon apnée. Je me sens léger et je laisse mon corps flotter, mes cellules se régénérer, mes fonctions fondamentales se réguler. Ce sont des moments privilégiés de repos aquatique, de recharge énergétique, de naissance revécue dans la paix.

C'est ainsi qu'avant de revêtir une signification symbolique les gestes les plus usuels de la vie quotidienne possèdent déjà une efficacité et une signification anthropologiques. Cela apparaît de façon évidente pour le bain, avant qu'il ne devienne baptême. Cela est tout aussi évident pour le repas, avant qu'il ne devienne eucharistie. Cela, nous le verrons, est aussi vrai pour le jeûne qui est purification physiologique avant d'être considéré sur le plan spirituel comme un temps de retour à l'essentiel.

Les moines celtes, dont la rigueur de vie est bien connue, ne se contentaient pas de se rafraîchir à l'eau des sources. Ils pratiquaient le bain d'eau presque glacée. C'était, nous assurent leurs hagiographes, pour atténuer les ardeurs de leur libido. Il est possible, en effet, que le choc de l'eau froide nous impose de revenir au réel et nous réveille de l'univers fantasmatique dans lequel nous étions peut-être en train de nous égarer. C'est en tous les cas la vertu qu'on attribue généralement au seau d'eau froide vidé sur la tête d'un excité pour le faire revenir au calme. Mais, quant à croire que cette thérapie par le froid, cette « cryothérapie », ait diminué la puissance de la sexualité, je crains que les moines celtes n'aient fait fausse route car, bien au contraire, le bain d'eau froide, pratiqué prudemment et régulièrement, loin de les endormir, renforce et active toutes nos fonctions vitales, y compris celle de la sexualité.

La thérapie par l'eau froide est sans conteste l'une des thérapies les moins coûteuses dont nous puissions disposer dans nos pays où l'eau nous est généreusement assurée par la nature et intelligemment distribuée par le savoir-faire des hommes. Pratiquée assidûment, elle stimule nos défenses immunitaires et contribue à régulariser l'ensemble de nos fonctions. Si tu t'entraînes, avec la progression qu'impose la prudence, à prendre régulièrement un bain de plus en plus froid et de plus en plus prolongé, tu te prémuniras de bien des rhumes et de bien des maladies et tu sentiras ton énergie se décupler[16]. Plonger tes coudes dans l'eau froide t'aidera à surmonter une situation de stress. Y plonger ton visage réveillera ton système parasympathique et te permettra d'être mieux présent à toi-même. L'eau est ton alliée, chaque fois que tu désires retourner aux sources de toi-même.

Notre corps est en grande partie composé d'eau, d'une eau proche, par sa teneur, de l'eau de mer. « La vie a commencé dans la mer et nous ne vivons en dehors d'elle que parce que nous portons en nous un océan intérieur[17]. » L'eau de mer est donc notre alliée. A l'état pur, elle constitue un véritable sérum physiologique dont nous sommes loin d'exploiter tous les bienfaits pour notre santé. Ce serait sans doute trop simple, trop proche de la nature pour entrer dans notre culture.

L'eau qui entre dans la composition du sang, de la lymphe et des autres liquides interstitiels sert de véhicule à tous les échanges chimiques dont nos cellules ont un absolu besoin pour vivre et remplir leurs fonctions dans notre organisme. Nous avons donc besoin d'approvisionner notre corps en eau, mais si possible en eau non chargée en sels minéraux néfastes à notre santé. Sinon, de bénéfique, son apport devient problématique. Autrefois l'eau des campagnes était un bonheur pour les citadins habitués à une eau légèrement javellisée. Elle leur procurait le plaisir d'une eau naturelle. Aujourd'hui, dans bien des cas, elle est devenue moins potable que celle des villes, parce qu'elle est chargée en nitrates et porteuse de résidus chimiques dus à une agriculture intensive peu soucieuse des effets secondaires qu'elle induit sur l'équilibre écologique environnant. Or l'eau potable est un élément essentiel pour notre vie. On peut, sans dommage pour la santé, vivre un certain temps sans nourriture. On ne peut, sans danger, se priver plusieurs jours de boisson.

Quand tu bois, n'absorbe l'eau qu'à petite gorgée, en la dégustant, et en respectant ta soif[18]. Si ton alimentation comporte beaucoup de fruits et de légumes crus, elle porte déjà en elle-même sa ration de liquide vivifiant. Ton estomac, ne l'oublie pas, n'est pas un aquarium. C'est un pétrin qui doit, à l'aide de ses sucs gastriques, travailler ton bol alimentaire comme un boulanger travaille sa pâte à pain. Evite donc, autant que faire se peut, de l'inonder au cours de tes repas parce que alors tu lui gâches son travail.

Autrefois, les sources et les fontaines étaient souvent considérées comme des lieux sacrés vers lesquels s'organisaient des pèlerinages. Si nous n'avons plus, aujourd'hui, de raisons de sacraliser l'eau, du moins sachons reconnaître son caractère précieux pour la vie de l'humanité. Sachons bénir la pluie qui nous assure de ses bienfaits.

Du bon usage du feu

De toutes les conquêtes de l'homme, la maîtrise du feu est sans doute celle qui a le plus profondément affecté sa vie, du moins sur une longue durée [19]. Comme la plupart des outils qu'il créera par la suite, il peut l'utiliser à des objectifs de guerre et de destruction comme à des objectifs de paix et de création. L'homme peut s'en servir, avec des bombes au napalm par exemple, pour propager la dévastation. Mais il peut tout autant lui demander d'apporter dans l'intimité du foyer le réconfort de sa chaleur. Le feu, bien maîtrisé, peut devenir l'auxiliaire précieux de l'artisan, du chercheur ou de l'industriel. Tout dépend de l'usage qu'on choisit d'en faire. Pour le meilleur comme pour le pire. Il est devenu le fidèle compagnon de l'homme, qu'on imagine difficilement pouvoir désormais vivre sans sa complicité.

Dans les rites qui accompagnent les huttes de sudation chez les Amérindiens, le feu symbolise, d'une façon si explicite qu'elle ne nécessite aucun commentaire, à la fois le soleil qui féconde la terre et les organes génitaux masculins qui fécondent les entrailles de la mère. Chaque fois que la porte de la hutte est rituellement ouverte, des pierres, portées à l'incandescence dans le feu de bois, suivent le chemin de vie pour pénétrer jusqu'en son centre. Comme des spermatozoïdes. Comme des rayons du soleil.

Cette symbolique, rendue ici très parlante, se retrouve pratiquement dans toutes les traditions. Par la chaleur et la lumière qu'il dégage, le feu du soleil, avec la complicité de l'air, vient féconder la terre, actualiser ses potentialités. La terre ainsi caressée et pénétrée fait éclore, avec la complicité de l'eau, les mille formes de la vie. Il est mâle. Elle est femelle. La vie est le fruit réussi de leur copulation.

Chaque matin, par une salutation au soleil, à la manière des yogis, nous devrions bénir son lever, comme chaque soir nous devrions bénir la terre à qui nous nous confions pour traverser la nuit.

Même le christianisme, qui s'est très vite méfié des célébrations cosmiques et les a renvoyées aux gémonies païennes, n'a pu s'empêcher de célébrer le solstice d'hiver avec sa fête de Noël, l'équinoxe de printemps avec celle de Pâques, le solstice d'été avec la Saint-Jean et l'équinoxe d'automne avec la Saint-Michel qui est un peu la fête de tous les anges. Ainsi sont intégrés les quatre temps forts du cycle du soleil. Quant à sa liturgie, elle n'hésite pas à glorifier Jésus comme *Sol Oriens*, c'est-à-dire comme le Soleil Levant. C'est sa façon d'honorer le soleil et le retour de la lumière, que beaucoup d'autres traditions célèbrent plus explicitement.

Le feu du soleil est l'un des éléments déterminants qui ont permis à la vie d'apparaître et de se développer sur notre planète, ou tout au moins de s'y implanter si elle provient, comme certains chercheurs semblent le penser, des espaces interplanétaires. C'est encore le feu du soleil qui, par sa lumière, a suscité chez bon nombre d'êtres vivants l'envie irrépressible de voir. Ce qui, par l'effet de la spécialisation, a entraîné l'apparition des organes de la vue. C'est donc à la lumière du soleil que nous devons nos yeux. Si elle leur est néfaste quand nous le fixons de manière insolente, elle est par contre essentielle à leur santé si nous savons l'apprivoiser. C'est en plein jour que nous voyons le mieux. Condamner en permanence nos yeux à la lumière artificielle revient à les priver de leur capacité de réaction. Nous sommes faits pour la lumière du soleil [20].

Ainsi la qualité de notre vie dépend de l'art avec lequel nous savons jouer des quatre éléments comme des quatre cordes de l'instrument que nous sommes. Tous les matins au réveil, nous devrions bénir la terre que nous foulons de nos pieds et dont notre corps est formé, l'eau qui nous purifie et assure en nous la circulation des liquides nourriciers, l'air que le vent renouvelle et qui nous permet de souffler, le feu enfin qui brûle toutes nos scories et accomplit en nous l'alchimie de l'esprit.

La terre, mon corps
l'eau, mon sang
l'air, mon souffle
et le feu, mon esprit

chantent de façon lancinante les Indiens Lakota, lors de leurs huttes de sudation. Et le barde breton Hervé Toupet a écrit une chanson dont il m'a confié la traduction française :

Ecoutez donc le feu chanter
il nous enseigne le mystère de la vie
Regardez le soleil briller
il nous donne lumière et chaleur.

C'est la voix de l'Esprit à nos oreilles
C'est le visage de l'Esprit à nos yeux
Le Feu, l'Eau, l'Air, la Terre
Ce sont eux qui gardent le mystère de la vie.

Ecoutez donc l'eau chanter
elle nous enseigne le mystère de la vie
Regardez la mer, grande, qui se meut
portant dans son ventre poissons et coquillages.

C'est la voix de l'Esprit...
Ecoutez donc l'air chanter
il nous enseigne le mystère de la vie
Entendez le grand vent souffler,
si fort, si léger et si libre.

C'est la voix de l'Esprit...

Ecoutez donc les pierres chanter
elles nous enseignent le mystère de la vie
Regardez la Terre qui porte
l'être humain, l'animal et la plante.

C'est la voix de l'Esprit...

8.

Du bon usage du mouvement et de l'immobilité

Dès que l'enfant a acquis une certaine autonomie de déplacement, il court dans tous les sens pour le seul plaisir de courir. Il cultive le mouvement pour l'ivresse du mouvement. L'important semble être pour lui d'explorer sa capacité à s'agiter et à gesticuler, sans but assigné et sans propos discernable. C'est une vraie boule d'énergie qui donne l'impression de pouvoir poursuivre sa course sans fin. Il n'arrête que par épuisement. Il se prouve à lui-même qu'il existe, en courant, en gesticulant, en criant.

Une grande partie de son apprentissage de petit d'homme va consister, par mimétisme, à apprendre comment métamorphoser ses mouvements inutiles, insensés et désordonnés en gestes vraiment humains, c'est-à-dire porteurs à la fois d'efficacité et de sens. Il devra apprendre à habiter ses mouvements de l'intérieur jusqu'à conquérir, à l'extrême de ses possibilités, la posture de l'immobilité éveillée où il ne sera plus que pure présence au corps qu'il est, et pure efficacité à l'égard du monde qui l'entoure.

Le mouvement habité par la conscience est pour

l'homme un instrument majeur de son action sur les êtres et les choses. C'est le geste qui transforme l'objet en outil. C'est le geste qui fait de l'homme un *homo technicus.* C'est par le geste qu'il imprime sa marque sur son environnement et, de proche en proche, qu'il affecte la planète entière. Le geste est à l'origine de la culture.

A la question : « A quoi servent les mains ? » Clément d'Alexandrie répondait, d'une façon qui peut tout d'abord surprendre, qu'elles servent à parler, c'est-à-dire à s'exprimer. Intuition reprise par le poète quand il écrit : « Les mains sont un peu de notre âme faite chair [1]. » Les Italiens ne sont pas les seuls à parler avec elles. « Dans le milieu même le plus distingué, il est rare qu'un des interlocuteurs ne se surprenne à jouer – soit avec le corps tout entier, soit avec les mains – l'action dont il parle [2]. »

Avant même de nous exprimer par la parole, nous nous exprimons par notre manière d'habiter notre corps et de le déplacer dans l'espace. Notre manière de nous tenir debout, notre manière de marcher, notre façon, dans un contexte donné, de nous effacer ou au contraire de nous imposer corporellement, en disent plus long sur notre compte, et avec moins de risques d'illusion ou de tromperie, que beaucoup des paroles que nous prononçons. Notre présence corporelle nous raconte aux autres, avant même que nous n'ouvrions la bouche.

L'éducation devrait, avant tout autre chose, nous apprendre à vivre ce corps que nous sommes. Mais qui nous apprend aujourd'hui à nous tenir debout ?

Qui nous enseigne la verticalité ? Et pourtant, celle-ci n'est-elle pas l'une des premières spécificités de notre espèce humaine ? N'est-elle pas le premier signe de notre dignité ? Tenir debout n'est-il pas un des premiers objectifs de l'homme ? Pourquoi, alors, lui porter si peu d'attention dans l'éducation de nos enfants comme dans notre vie de tous les jours ?

Il ne s'agit pas de se crisper dans la recherche de la verticalité à la manière du soldat au garde-à-vous. Elle ne s'obtient pas à coup de volonté et de tensions musculaires. Elle s'obtient avec tout juste un peu d'attention[3]. Avec la perception du sol sous les pieds, et celle du fil imaginaire qui tire le sommet du crâne vers le ciel. Sans rigidité aucune. En toute souplesse. Jusqu'à atteindre la noblesse d'un port altier. D'un port royal. Car, du point de vue de notre stature et de notre marche, nous devrions tous être reines ou rois.

Mais précisément, qui nous apprend à marcher avec la grâce spécifique à l'être humain, celle qui exprime extérieurement l'harmonie ressentie intérieurement ? Et qui, au-delà de la marche, nous apprend à danser, non comme un plaisir superflu, mais comme l'un des modes essentiels de l'expression humaine ? Le danseur et la danseuse ne sont-ils pas la métaphore par excellence de la liberté que l'être humain peut atteindre lorsqu'il parvient à élargir jusqu'à l'extrême sa marge de jeu à l'égard des contraintes dans lesquelles sa vie s'insère par nécessité ?

Qui nous apprend enfin le chemin de l'immobilité éveillée, non comme interdiction autoritaire de tout mouvement, mais au contraire comme forme suprême et apaisée de l'expression que l'on peut donner au monde de soi-même ? Il ne suffit pas pour y parvenir d'imposer l'immobilité disciplinaire sur les bancs de nos écoles primaires. Il s'agit bien plutôt d'explorer de l'intérieur les voies de l'être.

Les premiers yogas de l'homme devraient être ceux de sa vie quotidienne. L'ascèse la plus efficace est celle qui se pratique sans même qu'on ait à y penser. Comme Monsieur Jourdain faisait de la prose. Apprenons à vivre notre corps de l'intérieur, apprenons à l'habiter de notre présence, apprenons à nous tenir debout, à marcher, à danser et déjà nous serons sur le chemin de l'éveil.

Si la posture allongée est, par nature, la posture d'immobilité qui conduit et sied au sommeil, la posture verticale, à condition qu'elle soit correctement prise, est elle aussi une posture de repos, mais cette fois, de repos éveillé. Au novice qui vient de s'endormir au cours de sa méditation, le maître recommande de s'y prendre de la même façon, la prochaine fois, mais en gardant sa conscience éveillée. Tout simplement ! Entre le sommeil et la méditation, la différence n'a que l'épaisseur de la conscience.

Pour illustrer le caractère reposant d'une juste verticalité, Lanza del Vasto aimait à rappeler l'exemple de l'échelle que l'on dresse. Pour la lever, il faut se mettre à plusieurs et déployer une grande énergie. Mais une fois qu'elle est levée, la tenir droite ne requiert plus de force, tout juste de la vigilance pour préserver son immobilité. La gravitation suffit alors à en assurer la verticalité.

Se tenir debout devrait être pour l'homme l'une de ses fiertés et l'un de ses plus grands plaisirs. Au lieu de quoi, pour la plupart d'entre nous, la station debout, pour peu qu'elle se prolonge un certain temps, devient vite un martyre. Nous passons d'une jambe sur l'autre, nous nous déhanchons, nous cherchons un appui extérieur. Tout, sauf du repos éveillé. Au lieu de trouver une verticale à la fois structurée et souple, nous nous contorsionnons pour compenser les déséquilibres dus à des tensions superflues, par des contre-tensions tout aussi superflues mais non moins douloureuses.

Il nous faut donc ré-apprendre à avoir les pieds sur terre. Bien plantés, comme des racines qui s'enfonceraient profondément dans le sol pour aller chercher leur sève. C'est dans ce rapport ferme à la terre que nous puisons une des formes essentielles de notre énergie. C'est lui qui permet à notre colonne vertébrale de se dresser comme se dresse un serpent. C'est lui qui permet à notre tête de s'élancer vers le ciel comme tirée par le sommet du crâne.

Pour les taoïstes, l'homme n'existe qu'entre terre et ciel. A l'image de l'arbre dont il partage la verticalité. Plus il est enraciné, et mieux il peut s'élever vers le zénith. Il a un bas et un haut qui le polarisent. Tous ses os et toutes ses articulations lui permettent de construire cette structure de façon souple et vivante. Ici, les deux ennemis sont l'avachissement par manque et la sclérose par excès de structuration. Deux excès aussi mortifères l'un que l'autre. La vie n'est ni dans l'un ni dans l'autre, mais dans la qualité des innombrables articulations qui relient nos os sans les bloquer, et permettent de parvenir ainsi à une verticalité sans rigidité. A vrai dire, nous avons l'âge de nos articulations tout autant que celui de nos artères.

Concilier en soi Saturne et Jupiter, la rectitude que symbolise l'un et la jovialité à laquelle l'autre a donné son nom ; allier la rigueur et la souplesse, la structure et son adaptabilité ; avoir « de la tenue » et en même temps savoir plier au lieu de casser : telle est indubitablement la vocation de l'homme.

Pensons au chef d'orchestre dont le mouvement, habité de l'intérieur, donne forme à la musique. Pensons au danseur qui peut prendre le risque de s'exposer aux plus extrêmes déséquilibres, sûr qu'il est, par son apprentissage, de retomber sur ses pieds. L'un et l'autre expriment la quintessence de l'homme, dans le corps qu'ils sont. Comme, à l'autre extrême, le moine dans son immobilité. En pleine adéquation avec ce qu'ils veulent exprimer et nous faire ressentir.

Je pense encore à l'orateur qui, face à son auditoire, s'exprime autant par son mode d'être, sa présence, ses gestes, le timbre de sa voix que par le contenu des paroles qu'il profère. Véritable épreuve pour celui qui est habitué avant tout à manier les mots et les concepts en chambre, dans un face-à-face solitaire avec la feuille blanche ou l'écran d'ordinateur. Epreuve de vérité que la rencontre en chair et en os avec des auditeurs. Ici l'intellect ne suffit plus, c'est tout l'être, avec son corps, son émotivité, son intelligence et sa puissance spirituelle, qui se dévoile aux autres et entre en action.

Pour rendre compte des sacrements chrétiens, les théologiens scolastiques ont élaboré au Moyen Age le concept de « signe efficace » qui désigne une réalité ou un geste d'ordre corporel dont la double mission est de signifier une autre réalité, d'ordre plus immatériel et, en la signifiant, d'amorcer sa réalisation. Cette définition me semble assez bien décrire, au-delà du cas particulier des sacrements, ce qui fait la réalité quotidienne de nos vies d'êtres humains. Tout en nous, en effet, participe à notre action avec plus ou moins d'efficacité et tout, en même temps, est signe adressé aux autres pour manifester (ou pour tenter de cacher) nos intentions. En nous, action et communication, efficacité et sens, sont toujours intimement imbriqués.

En agissant, nous nous disons.
En nous disant, nous agissons.

Avant même que nous choisissions d'agir, notre mode d'être est, en lui-même, une forme d'action ou d'inaction. Avant même que nous choisissions de nous exprimer, il est aussi une forme radicale de communication. Quand nous parvenons au sommet de nous-mêmes, tout mouvement parasite, tout mouvement inutile, non signifiant, est exclu. Tout mouvement est alors efficace et porteur de sens. Tout mouvement est devenu geste pleinement humain, habité de l'intérieur, spiritualisé.

Nous sommes alors parvenus à l'un des sommets de la culture. Nous pouvons rester immobiles. Notre immobilité elle-même est devenue plénitude.

9.

Du bon usage du jeûne et du déjeuner

La nourriture est au cœur de notre vie sociale. Son manque, aux conséquences désastreuses, concerne malheureusement une part croissante de l'humanité. Sa surabondance a, elle aussi, à l'autre extrême, des conséquences à bien des égards néfastes pour la minorité qui en « bénéficie », et surtout pour la nature, qui doit en subir la prédation.

De toutes nos activités sociales, celle qui tourne autour de la nourriture est de loin la plus importante[1]. Il serait intéressant de calculer, même approximativement, le temps que nous lui consacrons en Occident, en tenant compte de sa production, de sa transformation, de son conditionnement, de son transport, de son commerce, de sa préparation, de sa consommation et enfin de sa digestion. Nous pourrions alors constater que, si nous consacrons une grande partie de notre vie à dormir, nous en consacrons, collectivement, un part tout aussi grande à notre alimentation.

A son sujet, chacun possède une opinion personnelle. Opinion d'autant plus forte qu'elle s'enracine dans une perception existentielle, un ressenti qui appartiennent à la quotidienneté de sa vie. Il ne s'agit pas ici d'une construction abstraite, d'une adhésion intellectuelle à un savoir livresque. Il s'agit de certitudes perçues comme des évidences intérieures qui ne nécessitent aucun raisonnement compliqué pour être fondées ni se justifier, parce qu'elles vont de soi.

Dans ce domaine, plus encore que dans bien d'autres, nos habitudes plongent leurs racines dans la petite enfance. Elles font partie de ce qui constitue notre identité la plus intime, celle qui résiste aux exils les plus prolongés. Nos goûts et nos dégoûts ont quelque chose d'irrépressible. Il est inutile d'en discuter. Difficile, voire impossible, de les faire évoluer. Nos convictions diététiques, quant à elles, l'emportent bien souvent en véhémence et en prosélytisme sur nos convictions religieuses. Quand elles ne font pas tout simplement corps avec elles.

D'un tout autre point de vue, l'alimentation occupe dans la vie économique de notre société une place tout à fait privilégiée. L'élevage et l'agriculture, les industries agro-alimentaires, les entreprises d'emballage et de transport, les marchés de gros, la grande distribution et les négoces de détail, sans oublier les restaurants et l'activité hôtelière, bref tout ce qui concerne l'alimentation dans notre société, constituent en effet une part importante de l'économie nationale et impliquent des conséquences financières, économiques, sociales et culturelles de tout premier ordre. Proposer une mutation radicale dans le comportement alimentaire, si elle devait intervenir à grande échelle, aurait des répercussions incalculables sur la vie de tous. Mais nos préventions, nos inerties, nos résistances au changement sont trop puissantes pour que cela risque d'arriver du jour au lendemain.

Moins qu'en tout autre domaine, je ne prétends détenir le dernier mot sur le bon usage de la nourriture. Cela ne m'interdit cependant pas d'émettre un certain nombre d'opinions que je m'efforcerai de fonder, ici encore, sur des constantes traditionnelles. Mais, sur ce point, il faut le reconnaître, les traditions ne sont pas unanimes. Il arrive même qu'elles se contredisent en fonction des contextes culturels dans lesquels elles sont nées et ont évolué.

Pour compliquer cette situation déjà complexe, à la diversité des traditions vient s'ajouter aujourd'hui la science relativement récente des nutritionnistes dont on sait qu'ils se répartissent, à leur tour, en de nombreuses écoles. Les diététiques se suivent, ou plutôt se juxtaposent, et ne se ressemblent pas. Les « régimes » se multiplient, les ouvrages qui leur sont consacrés assurent éventuellement la fortune de leurs auteurs, mais loin d'introduire une cohérence croissante dans notre vision de l'homme et de son rapport à la nourriture, ils ajoutent encore à notre chaos par l'accumulation de leurs conseils contradictoires.

Pour toutes ces raisons, il n'est guère de domaine de la vie humaine où règne une plus grande confusion. Sans prétendre aboutir à la formulation de certitudes, j'aimerais parvenir à introduire quelques rayons de clarté dans un débat passablement confus, ne serait-ce qu'en clarifiant les questions qui se posent.

Il nous faut tout d'abord distinguer, parmi les propos que nous pouvons tenir au sujet de notre alimentation, ceux que nous tenons en fonction de notre anatomie, de notre physiologie, de notre métabolisme, de la chimie de notre digestion, et ceux qui prennent en compte la valeur sociale, symbolique, voire philosophique du repas et le rapport moral et spirituel que nous entretenons avec ce que nous mangeons. D'un côté, il y a les exigences de la diététique et de la nutrition, de l'autre, les exigences de la communion avec nos commensaux, comme aussi de la communion avec le reste de l'univers, dont nous nous approprions certains éléments pour maintenir et développer notre vie.

Je puis avoir des réticences pour telle ou telle forme d'alimentation et cependant accepter de la partager avec l'ami qui m'invite et qui m'a préparé le repas avec amour ou amitié. Jusqu'où doit aller mon exigence de fidélité au mode de vie que je me suis choisi, et jusqu'où peut m'entraîner mon désir de communier avec l'autre, quelle que soit, sur ce point, sa différence par rapport à moi ? Qu'est-ce qui l'emporte, dans ma décision, du désir de favoriser au maximum les processus de la vie en moi, tels que je les comprends, ou du désir d'honorer celui qui me reçoit ? Ce qui est d'ailleurs une autre façon de développer la vie en moi, car il est bien connu que l'homme ne vit pas seulement de pain, mais aussi d'échanges et de communion avec ses semblables.

Il appartient à chacun d'en juger.

Mais quand vient notre tour d'inviter des amis à

partager notre repas, n'oublions pas de nous enquérir de leurs souhaits éventuels, pour ne pas les mettre dans l'embarras. Il en va de la qualité de notre hospitalité.

Nous touchons ici à un point délicat posé par tout art de vivre dès qu'il s'écarte quelque peu du mode de vie adopté de façon consensuelle dans une société donnée. Il est des civilisations qui régulent avec tant de précision tous les actes de la vie quotidienne qu'elles laissent très peu de marge de liberté pour un mode de vie personnalisé, qui serait aussitôt ressenti comme déviant. La civilisation occidentale contemporaine nous laisse à première vue une assez grande marge de manœuvre. Mais il faut se méfier de cette liberté apparente car certaines de ses normes non dites et, de ce fait, puissamment intériorisées, n'en sont que plus contraignantes. Adopter une spécificité alimentaire, c'est inéluctablement marquer une distance à l'égard du groupe social auquel on appartient. C'est affirmer hautement sa singularité. Pas seulement en paroles, mais en actes. Exercice périlleux sur le plan social.

Dès que tu décides d'organiser ta vie en fonction d'une vision des choses qui privilégie l'être plus que l'avoir, tu t'écartes nécessairement des modes de vie encouragés, voire imposés, à coups de matraquages publicitaires, par une civilisation construite sur le postulat du gain et de la consommation. Dès que tu décides de favoriser dans ta vie l'être sur le paraître, tu es amené, que tu le veuilles ou non, à t'écarter de modes de vie fondés avant tout sur la mise en scène et sur le spectacle.

C'était déjà vrai des moines de l'Antiquité. Leur manière de vivre les distinguait de leurs contemporains. Cela est toujours vrai du peuple juif qui a préservé son identité à travers le monde en sauvegardant, au milieu des civilisations les plus diverses, la *cashrout* qui légifère sur l'alimentation permise et ritualise le repas[2].

Il semble par conséquent difficile d'opter pour un mode de vie, dont la finalité première est l'éveil de la conscience (ce qui ne supprime pas les autres finalités possibles de la vie mais les renvoie à des rôles secondaires), et de se couler sans problème dans les formes de la vie sociale considérées comme normales dans la société occidentale contemporaine, polarisée par la recherche du profit et par l'exaltation de l'image que l'on donne de soi.

Si tel est ton choix, et quelle que soit ta discrétion, ton art de vivre t'amènera à te différencier quelque peu de tes concitoyens.

Cela fait resurgir le problème du pharisaïsme, dénoncé de façon si vigoureuse dans les Evangiles. Jésus, si l'on en croit les évangélistes, se moque en effet sans ménagement de ceux qui se réjouissent d'être différents des autres hommes et s'enorgueillissent de leur mode de vie, supposé être plus parfait que celui de leurs voisins[3]. Mais leur reproche-t-il leur différence en tant que telle ? Ou ne leur reproche-t-il pas plutôt la vanité qu'ils en tirent ? S'ensuit-il de ses propos cinglants que nous devrions combattre en nous toute velléité de différence à l'égard des autres hommes, comme si elle comportait en elle-même le germe nécessaire de notre orgueil ? Nous invite-t-il alors à nous couler dans les modes de vie de nos voisins, quels qu'ils soient ? La plus grande vertu consiste-t-elle à n'être qu'un caméléon ? Ou Jésus ne nous met-il pas plutôt en garde contre les sortilèges de la *lettre*, dont on se contenterait et se glorifierait, pour en appeler à l'esprit ?

La lettre tue, seul l'esprit vivifie, dira plus tard saint Paul.

Mais l'esprit n'est pas désincarné. Il lui faut un corps à vivifier ! Il lui faut une lettre pour s'exprimer, une lettre à laquelle conférer tout son sens. La lettre ne tue que si elle en est vidée. Que si elle n'est plus habitée. Il ne s'agit donc pas d'évacuer toute lettre, sous peine de mériter la dénonciation ironique de Jean-Paul Sartre : « Ils ont les mains pures, mais ils n'ont plus de mains. » Il s'agit plutôt de revivifier la lettre de l'intérieur et de ne rejeter que celle qui est définitivement morte.

Ici encore nous avons besoin, avant tout, de discernement.

Le fait d'accorder la priorité absolue à l'esprit rendrait-il caduque toute interrogation sur la vie du corps ? Rendrait-il superflu tout souci de formuler une lettre ? Rendrait-il suspecte toute préoccupation de baliser et de suivre un chemin de vie ? S'il est vrai que ce qui souille l'homme est davantage ce qui sort de sa bouche, c'est-à-dire les paroles qu'il exprime et qui trahissent ses intentions, que ce qui y entre, à savoir sa nourriture (Mt 15,11), devons-nous en conclure pour autant que celle-ci ne revêt strictement aucune importance ? Autrement dit, les exigences de la charité fraternelle, qui l'emportent sur toute autre considération dans certaines circonstances, annulent-elles purement et simplement les exigences des autres niveaux d'organisation de la vie en nous ?

Je ne le crois pas. La lettre et l'esprit ne sont pas deux réalités antinomiques. L'une a besoin de l'autre. L'une ne peut s'accomplir que par l'autre. Ce dont nous avons besoin, c'est d'une lettre vivifiée de l'intérieur par l'esprit.

C'est pourquoi, en toute chose, il importe de nous interroger sur l'esprit qui nous anime. En l'occurrence, ici, sur l'esprit avec lequel nous mangeons. Est-ce avant tout un esprit d'accaparement, une peur viscérale de manquer ou, au contraire, un esprit de communion ? Communion avec l'univers dans lequel nous vivons, par la médiation des aliments qu'il nous fournit et que nous ingérons pour les digérer. Communion avec la terre d'où ils proviennent. Communion avec l'eau, l'air et la lumière, nécessaires à leur éclosion et à leur maturation.

Tout repas, pour qui veut bien être attentif, peut se transformer en une fête cosmique à laquelle les quatre éléments nous donnent rendez-vous. Tout repas, pour qui veut bien être attentif, célèbre les noces de l'homme et de l'univers dans lequel il vit. Tout repas est une bénédiction et devrait se métamorphoser en célébration. C'est en vertu de la conscience qui nous habite que nous sanctifions ce que nous mangeons[4].

Mais le repas est aussi communion avec ceux qui le partagent. Partager le riz ou le sel, rompre le pain, boire à la même coupe de vin : tous ces gestes séculaires, inclus dans les rites de l'hospitalité à travers les continents, ont été considérés, partout et toujours, comme les signes efficaces de la fraternité, de l'amitié, de l'amour. Bref, comme les signes efficaces de la communion entre ceux qui les posent.

Tout repas partagé, pour qui veut bien être attentif, est gage de réconciliation, occasion d'une connaissance réciproque plus profonde, célébration de la rencontre, prémices ou conclusion d'une action commune.

Nous sommes loin du repas pris à la va-vite, du sandwich avalé en lisant le journal, du grignotage obéissant à un dérèglement des réflexes conditionnés, du repas pris devant le poste de télévision dont le flot d'images et de paroles se substitue à la communication entre les convives, de la réception professionnelle ou mondaine ressentie comme une corvée, de l'orgie où s'expriment les instincts débridés.

Tout repas appelle, bien au contraire, à être célébré comme communion avec l'univers et communion avec des êtres aimés. Tout repas nous relie. Tout repas participe ainsi de la grande fonction de *religion*, au sens étymologique du mot.

Mais, au cours de ses repas, qu'est-il légitime à l'homme de manger ? La sagesse populaire n'affirme-t-elle pas que nous devenons ce que nous mangeons ?

Ici encore deux points de vue entrent en ligne de compte. Celui, d'une part, de la constitution biologique de l'homme qui détermine ce qu'il peut digérer sans problème. Celui, d'autre part, de sa relation avec le reste de l'univers, de sa relation au minéral, au végétal et aux différentes espèces du monde animal, et du droit qu'il se reconnaît de les soumettre unilatéralement et totalement non seulement à la satisfaction de ses besoins, mais encore à l'assouvissement de ses désirs.

Sur le premier point, la parole devrait être donnée avant tout aux professeurs d'anatomie. Il y a longtemps qu'ils ont procédé à un travail d'anatomie comparée. Il n'est d'ailleurs pas très difficile de se rendre compte, sans être un grand savant, que l'homme ne dispose pas pour moudre le grain du gésier des oiseaux, qui sont essentiellement granivores. Il ne possède pas non plus la panse qui permet aux vaches et aux autres mammifères herbivores de régurgiter leur portion d'herbe autant de fois qu'il est nécessaire ayant de l'envoyer définitivement dans le circuit de leur appareil digestif. Il ne possède ni la denture des carnassiers pour tuer et déchiqueter leurs proies, ni leur intestin grêle raccourci qui abrège la durée de circulation interne du bol alimentaire constitué avant tout par les entrailles fumantes de la victime. Tout le rapproche au contraire de ses cousins les singes qui sont avant tout amateurs de fruits et de pousses végétales mais qui peuvent, à l'occasion, devenir carnivores, surtout lorsqu'ils ont la chance de passer auprès des restes d'une carcasse délaissée par un carnassier rassasié.

Par sa constitution, l'homme apparaît donc essentiellement comme un frugivore, même s'il est capable d'avaler crues et de digérer quelques herbes, quelques graines, quelques tubercules ou encore un peu de chair animale lorsqu'un prédateur a préalablement accompli pour lui le travail du tueur et du dépeceur.

Mais l'homme n'est pas seulement nature, il est aussi culture. Essentiellement frugivore par nature, il est devenu omnivore par culture en inventant l'art culinaire grâce à l'usage du feu, grâce à l'invention de la broche à rôtir et de la casserole qui permet de faire bouillir ou mijoter toutes sortes de nouveaux mets jusqu'ici insupportables à son palais et qui, crus, lui resteraient dangereusement en travers de la gorge.

C'est ainsi que, depuis le néolithique, c'est-à-dire depuis très peu de temps à l'échelle de l'histoire de l'humanité (quelques milliers sur des millions d'années), se sont diversifiées toutes les cuisines du monde avec leurs singularités et leurs subtilités. Il serait aujourd'hui difficile d'imaginer l'humanité privée des plaisirs raffinés de la table auxquels sont parvenues les différentes civilisations, même si la dernière en date, la civilisation technicienne de l'Occident, risque, par ses modes industriels de production, de transformation, de conditionnement et de distribution, de gommer peu à peu les différences et d'offrir à l'humanité une nourriture aseptisée, certes à teneur en nutriments garantie, mais uniformisée et devenue sinon sans couleur, du moins privée de l'indéfinie variété des odeurs et des saveurs des fruits originels et des cuisines régionales.

Pourtant, pendant des millions d'années, l'humanité a vécu sans recourir aux artifices de l'art culinaire. Celui-ci peut être considéré comme un immense progrès dans la mesure où il a permis à l'homme de rendre comestibles tant les productions de la nature que celles des industries agro-alimentaires. Mais il peut aussi être considéré comme l'art du leurre par excellence, qui nous permet d'ingurgiter toutes sortes de nourritures pour lesquelles nous ne sommes pas génétiquement préparés. Certes, la nature nous a dotés d'une extraordinaire capacité de protection (les parois de nos intestins ne laissent pas passer n'importe quelles molécules dans notre organisme) comme aussi d'une extraordinaire capacité d'adaptation, et nous avons réussi à élargir ainsi, de façon quasi illimitée, nos sources d'alimentation. Mais sommes-nous sûrs qu'il ne faudra pas un jour en payer le prix ? Sommes-nous sûrs que nous ne sommes pas déjà en train d'en payer le prix ? Car la protection de nos parois intestinales n'est pas absolue et elle peut elle-même se trouver affaiblie par les agressions répétées auxquelles nous la soumettons. Une fois cette barrière franchie, l'imagination extraordinaire de nos cellules pour faire face aux hordes d'intrus risque d'être prise au dépourvu. Nos systèmes immunitaires, si efficaces soient-ils, n'ont pas nécessairement été programmés pour avoir la réponse à tout.

S'aimer soi-même, c'est commencer par avoir un peu de respect pour son système digestif. C'est commencer par manifester un peu de tendresse aux milliards de cellules qui nous constituent et travaillent jour et nuit à renouveler notre vitalité. Nous devrions avoir à cœur de ne pas les soumettre à des agressions sauvages, de ne pas leur infliger une vie impossible. Ne faites pas à vos cellules ce que vous ne voudriez pas qu'on vous fasse à vous-même. Telle devrait être la première et la plus élémentaire des formes de la charité.

Avant l'apparition au néolithique de l'art culinaire, il ne semble pas que le problème se soit posé à la conscience des hommes de savoir ce qu'il était moral ou immoral de manger. Nous ne disposons d'ailleurs guère d'informations sur ces aspects éthiques de la vie préhistorique. Mais une fois qu'on entre dans le temps de l'histoire et que les hommes commencent à réfléchir sur leur pratique, alors il apparaît que la relation aux autres êtres vivants qu'entraîne le fait de les manger ne va pas sans poser de nombreuses questions à la conscience de l'homme.

Dans cette perspective, on peut déceler, à travers les prescriptions des différentes traditions, comme une hiérarchie des êtres vivants, comme une cartographie des êtres consommables, comme une nomenclature du permis et de l'interdit.

Il ne semble pas que la consommation de fruits et d'autres produits du monde végétal ait jamais soulevé d'objection majeure dans la vie de l'humanité. C'est comme si le fait d'intégrer la vie végétale dans une synthèse animale était perçu comme une élévation naturelle d'un ordre à l'autre. D'autant plus que manger des fruits ou des graines ne tue ni l'arbre ni la plante qui les a portés, et n'est donc pas un geste mortifère. Et la nature prévoit toujours une quantité de semences très nettement supérieure aux stricts besoins de la reproduction.

Quand on passe au règne animal, le tableau devient beaucoup plus complexe. Le rapport de l'homme aux autres animaux est en effet loin d'être simple. En cas de légitime défense, il ne semble pas avoir connu d'angoisse morale face à l'acte de tuer son agresseur. Mais lorsqu'il s'agit de tuer pour manger, il en va autrement. Il semble que les hommes tiennent alors compte de la proximité qu'ils perçoivent entre eux et l'animal qu'ils s'apprêtent à manger. « La chair, c'est d'abord ce dont nous sommes faits et la consommer implique de régler la question de la distinction entre le même et l'autre[5]. » Ainsi s'élabore une sorte d'échelle au sommet de laquelle se trouve l'homme et sur laquelle prennent place les différentes espèces animales selon des critères qui, bien sûr, ne sont pas strictement scientifiques. C'est plutôt en fonction de critères anthropomorphiques et psychologiques que l'homme se sent plus ou moins proche des animaux qui l'entourent. Ceux-ci sont alors redevables, de façon plus ou moins contraignante, de l'interdit qui pèse, bien que ce ne soit de façon ni universelle ni absolue, sur l'acte de tuer un autre homme pour le manger. Le cannibalisme a en effet existé mais, lorsqu'il était pratiqué, c'était souvent dans le contexte d'un sacrifice religieux. C'est l'homme sacrifié aux dieux qui était alors consommé pour communier non avec lui, mais avec eux.

Ainsi, selon les civilisations s'est constituée dans la conscience collective une sorte d'échelle des êtres vivants selon laquelle il est moins grave de tuer certaines espèces animales que d'autres, dans l'intention de les manger.

Il semble, à comparer les interdits qui s'expriment soit explicitement dans les prescriptions religieuses, soit implicitement dans les coutumes admises dans chaque civilisation, qu'il est considéré comme moins grave de manger un mammifère omnivore que de manger de l'homme, mais moins grave de manger un carnivore qu'un omnivore[6]. Puis il apparaît comme moins grave de manger un rongeur qu'un carnivore, et surtout plus naturel de manger un herbivore qu'un rongeur ou qu'un carnivore. Encore moins grave de manger de la volaille[7]. Viennent ensuite dans cette étrange hiérarchie le poisson et tout ce qui est de provenance aquatique (à l'exception bien sûr des mammifères marins). Mais l'échelle peut aussi se lire dans l'autre sens car, dans beaucoup de civilisations, les animaux trop éloignés de l'homme sont également considérés comme immangeables : araignées, crapauds ou insectes déclarés « répugnants[8] ».

Pour manger de la chair animale, nous devons commencer par tuer, et c'est sous cet angle qu'intervient la vision morale que l'homme se fait de sa place dans le monde. Dispose-t-il d'un droit de mort régalien sur tout ce qui vit à la surface de la terre ? A-t-il le droit d'organiser la mise au monde de milliards d'animaux dans le seul but de leur retirer la vie ? Que signifie une civilisation fondée sur l'élevage des volailles ou des porcs en batteries et sur le règne dictatorial des abattoirs ? (Ne l'oublions pas, les camps de concentration étaient conçus sur ce double modèle de la batterie et de l'abattoir.) Peut-on considérer une telle civilisation comme véritablement spirituelle ?

Certes, le règne animal nous donne le spectacle d'une franche cruauté. La vie se nourrit de la vie, et la mort infligée fait partie de cette ronde que je suis tenté de qualifier d'inhumaine. Précisément parce que avec l'homme émerge la conscience de ce qu'il fait. Quand il tue, il sait qu'il tue. C'est toute la différence. Il est le seul à comprendre ce que peut vouloir dire un idéal de non-violence.

Que des hommes peu évolués ne se posent aucune question sur le sort des animaux que l'on abat chaque jour par millions pour leur procurer la jouissance alimentaire de la chair animale me semble triste mais nullement surprenant. Il ne servirait sans doute à rien d'édicter sur ce point des interdits. L'interdit n'a jamais été le moteur d'une vie spirituelle. Mais que des hommes qui aspirent à un niveau plus subtil de communion avec l'univers ne perçoivent pas le paradoxe sanglant qu'il y a à tuer ou à faire tuer des êtres vivants, déjà porteurs d'une certaine conscience, pour permettre à leur propre conscience de s'élever me semble plus difficile à comprendre. Nous ne devons certes pas tomber dans la mièvrerie d'un anthropomorphisme larmoyant, mais je suis cependant près de penser qu'on peut juger du degré spirituel d'une civilisation, d'une communauté, d'un individu, à l'attention et au respect qu'ils portent à tout ce qui vit sur la terre. A cette aune-là, la civilisation occidentale est loin d'être la première[9].

A ces considérations morales s'ajoutent aujourd'hui des considérations économiques liées à la rapide croissance démographique de l'humanité. Il n'est nullement économique, même d'un point de vue strictement nutritionnel, de privilégier les sources animales des protéines et des lipides dont nous avons besoin. A superficie égale, la production végétale permet de nourrir un beaucoup plus grand nombre d'êtres humains. Il faut en effet en moyenne sept calories d'origine végétale pour produire une calorie d'origine animale (viande, lait, œuf, etc.). « La nourriture des pauvres est ainsi donnée au bétail des riches[10]. » Sous la pression de la démographie nous risquons donc d'en venir un jour à des solutions à dominante végétarienne. Est-il vraiment pertinent d'attendre d'y être contraints et forcés ?

Au nom de tous les arguments que je viens d'avancer, mais sans pour autant ériger de règles absolues dans ce domaine complexe susceptible d'être abordé sous tant de facettes, je crois que dans toute la mesure du possible l'homme doit tendre, par respect pour lui-même, par respect pour la vie, par respect pour l'univers, à retrouver la qualité et la simplicité de sa nourriture originelle. Il ne s'agit pas pour lui de se barder d'interdits ni de s'imposer je ne sais quelles privations. Il s'agit bien plutôt de retrouver la jouissance paradisiaque des fruits odoriférants et savoureux et des autres aliments que la nature, aidée par l'homme, peut produire en abondance et surabondance. Il s'agit de retrouver la jouissance d'une vie allégée et pacifiée.

Mais, en ce qui concerne la nourriture, le problème n'est pas seulement de savoir ce qu'il nous est juste et bon de manger. Il nous faut encore apprécier la quantité qu'il convient à chacun d'entre nous d'ingérer, comme aussi de déterminer les moments les plus opportuns pour le faire. Si nous vivions très proches de la nature, ces questions ne se poseraient pas à nous avec acuité, car elles seraient en grande partie résolues par notre instinct, qui nous intimerait, sans beaucoup de risque d'erreur, et le moment de manger et celui de nous arrêter, pour cause de satiété. Notre culture occidentale contemporaine, qui crée en nous l'habitude de repas fréquents et s'ingénie à inventer des leurres culinaires sophistiqués chargés de le tromper, ne nous permet plus de nous fier à lui en toute simplicité. Il n'a sans doute pas disparu, mais il est trop souvent trompé pour pouvoir nous guider sans, lui-même, se tromper.

Le premier conseil que nous donnent les traditions, sur ce point unanimes, est de nous comporter avec sobriété. C'est tout un art que d'apprendre à se contenter de peu. Il ne s'agit nullement de se brimer mais au contraire, comme l'expression l'indique, de se *contenter*, c'est-à-dire de parvenir au stade où l'on est véritablement content, véritablement satisfait.

Se forcer à manger[11], manger au-delà de son appétit, par gourmandise ou par conformisme social (il n'est pas toujours facile de résister à des pressions amicales), ne peut qu'entraîner un dysfonctionnement de notre système digestif et, par suite, de notre qualité de vie. Un repas copieux et bien arrosé peut d'abord provoquer un état d'excitation qui ne va pas sans plaisir, mais, à très court terme, il nous entraîne sans coup férir vers la somnolence. On ne l'a jamais vu nous procurer une qualité exceptionnelle d'éveil, ni nous conduire vers des sommets de la conscience. Il exige de notre organisme que toutes ses énergies se mobilisent pour faire face à l'invasion alimentaire et n'en laisse guère de disponibles pour d'autres activités, et en particulier pour celles de la conscience. Il fait de nous des tubes digestifs ambulants. Ou pis, des tubes digestifs somnolents. Nous en avons tous fait l'expérience.

Le repas et la digestion qui s'ensuit ne sont intéressants pour nous que si nous retirons du processus plus d'énergie vitale que nous n'en consommons pour le mener à bien. Nous pouvons nous épuiser par sous-alimentation. Des pans entiers de l'humanité n'accèdent pas à la plénitude de la vie humaine par sous-nutrition. C'est dramatique et c'est scandaleux parce que cela tient avant tout à une mauvaise répartition des fruits de la terre. Mais nous pouvons nous épuiser aussi par sur-alimentation, la balance énergétique de chaque repas se faisant alors à notre détriment. C'est le drame d'une partie de notre société occidentale dont les modes de vie induisent de tragiques déséquilibres planétaires. Nous nous épuisons par suralimentation, par surconsommation alors que des millions d'hommes et de femmes, d'enfants et de vieillards meurent d'inanition.

Ce point de vue géopolitique justifierait à lui seul une transformation radicale de nos modes de vie. Il appelle, au-delà de la mise en place d'un art de vivre personnel, une réflexion sur l'organisation de la société et une véritable révolution à l'échelle planétaire.

Cela dépasse le cadre que je me suis assigné dans ces pages sur la recherche d'un art de vivre. Mais ces perspectives humanitaires n'en dessinent pas moins l'horizon, car une vie spirituelle, un éveil de la conscience qui prétendraient s'acquérir en se bouchant les oreilles et en se fermant les yeux devant la misère du monde ne seraient que mensonge. La solitude que parfois ils requièrent n'a de sens que si elle permet une intensification de la présence à soi-même mais aussi à la réalité du monde. Elle n'est pas la solitude de la tour d'ivoire, à l'abri de toute information sur ce qui se passe dans le reste de l'humanité. Elle n'est pas l'isolement qui coupe de tout engagement dans l'histoire des hommes.

L'art de vivre personnel que j'esquisse ici doit toujours être jugé à l'aune de ces perspectives planétaires. Il est difficile d'en aborder un aspect sans avoir à l'esprit tous les autres, car en vérité tout se tient.

Mais revenons à notre relation à la nourriture. La sagesse populaire affirme que le mieux est souvent l'ennemi du bien. C'est particulièrement vrai dans le domaine alimentaire qui nous préoccupe ici. Il faut réapprendre à sentir en soi le point d'équilibre, apprendre à s'en contenter et à ne pas aller au-delà. Sous peine d'avoir ensuite à en payer le prix en déficit de qualité humaine.

Etre attentifs aux mots que nous employons peut nous permettre de dégager la sagesse qu'ils recèlent. Nous parlons en français de *déjeuner*. La langue anglaise est encore plus explicite puisqu'elle parle de *breakfast*, c'est-à-dire de rompre, de casser le jeûne. Pour que « déjeûner » ait un sens, il faudrait donc que nous ayons d'abord « jeûné » !

Le jeûne est en effet à notre système digestif ce que le sommeil est à notre système nerveux : un temps de repos, absolument essentiel pour qu'il puisse mener à bien ses nombreuses tâches et régénérer ses forces. S'il est vrai que la qualité de notre sommeil conditionne celle de notre éveil, la qualité de notre jeûne conditionne à son tour celle de notre digestion.

Ce n'est pas un hasard si toutes les grandes traditions font du jeûne un instrument de purification et le considèrent également comme un temps de retour à l'essentiel, un temps privilégié d'intériorisation, c'est-à-dire d'éveil de la conscience. Il ne prend cette signification symbolique de façon quasi universelle que parce qu'il en porte en lui-même, physiologiquement, un premier niveau d'efficacité. S'il signifie symboliquement la purification et le retour à l'essentiel, c'est précisément parce qu'il permet au corps d'accomplir sur lui-même un travail de nettoyage et de rénovation, et qu'il libère des énergies (autrement utilisées par la digestion) pour lui permettre de servir de support à d'autres activités, notamment à celles de la conscience.

On voit, à partir de cet exemple, combien l'activité spirituelle est indissociable en nous de notre comportement corporel. L'une et l'autre ne sont que deux aspects de l'unique réalité que nous sommes. Il est impossible de les dissocier. Impossible de les isoler au scalpel. Tout dualisme simpliste (le corps d'un côté, l'esprit de l'autre) ne résiste pas à l'épreuve de la vie.

Chaque fois que nous mangeons ou que nous buvons autre chose que de l'eau pure, nous mettons en route l'ensemble des processus qui constituent la digestion. Même si nous ne faisons que grignoter « un petit rien », nous déclenchons successivement la sécrétion de tous les sucs nécessaires pour traiter convenablement ce minibol alimentaire, aux différentes étapes de son transit. Ce travail est loin d'être achevé que déjà nous sollicitons à nouveau notre laboratoire interne en ingérant un autre repas qu'il va lui falloir se mettre à traiter sans attendre. Nous exigeons de nous-mêmes d'être vingt-quatre heures sur vingt-quatre de véritables Sisyphe, car si nous partons en vacances, nous oublions généralement de mettre notre système digestif, lui aussi, en vacances. Il nous arrive même de lui imposer alors une surcharge de travail.

Quand nous jeûnons – par jeûne, j'entends ici l'arrêt de toute alimentation à l'exception d'un peu d'eau pure, à la mesure de la soif ressentie – nous commençons par rompre ce cycle infernal qui va de l'ingestion de la nourriture jusqu'à l'élimination de tout ce que nous n'avons pas assimilé. Notre organisme, surpris de cette mise en chômage technique, si inhabituelle, en profite pour commencer à faire du ménage en évacuant des résidus dont il n'avait pas depuis longtemps trouvé le temps de s'occuper. Puis il se met à panser ses plaies, toutes ces microlésions qu'en régime normal il n'a pas le loisir de cicatriser avant que n'arrive le prochain jet d'acides gastriques provoqué par l'ingestion de nourriture. C'est l'aspect ravalement des parois internes.

Mais pendant ce temps, nous continuons à vivre et donc à dépenser de l'énergie. Comme l'air que nous respirons et l'eau que nous buvons ne suffisent pas à nous la fournir, il faut bien que nous allions la puiser dans nos réserves. Cela suppose que nous ayons la capacité de les métaboliser[12]. Alors commence le processus d'*autolyse* au cours duquel, en quelque sorte, nous nous mangeons nous-mêmes. Notre organisme a la sagesse de commencer par tout ce qui est superflu et de préserver les organes essentiels. Nous perdons nos graisses. Notre foie et notre rate resserrent leurs tissus et se dégonflent. Mais notre cerveau ne connaît, quant à lui, qu'une infime variation de poids. C'est pourquoi le jeûne est toujours considéré comme un retour à l'essentiel.

Parallèlement à ce décapage, un autre travail s'accomplit en profondeur. L'organisme, libéré de ses tâches quotidiennes, s'attaque à des engorgements qu'en temps ordinaire il est obligé d'ignorer. On peut ainsi assister parfois à des sortes de maladies provoquées, dont la mission première est de procéder, si je puis dire, à du déstockage, à l'évacuation, sous une forme ou une autre, des déchets encombrants. D'où la symbolique de la *catharsis* souvent liée à la pratique du jeûne. C'est tout l'organisme qui se purifie.

Si vous prolongez le jeûne au-delà de deux ou trois jours, il se passe un phénomène étrange, susceptible de deux interprétations différentes. Vous cessez en effet d'avoir faim aux heures habituelles des repas. Pour les uns, cela signifie que vous venez de rompre le conditionnement, institué depuis votre enfance, qui vous ramène à table tous les jours à heures fixes, comme le chien de Pavlov au son de la cloche. Pour les autres, cela montre seulement que vous vous êtes mis à sécréter des endomorphines qui endorment votre désir de manger et anesthésient de la sorte la douleur qui pourrait découler de la frustration. Pour les premiers, cela vous ouvre la possibilité de poursuivre le jeûne sans grande difficulté. Pour les seconds, il s'agit plutôt d'un signal d'alarme dont il vaut mieux tenir compte en recommençant à s'alimenter.

Si tu décides néanmoins d'aller de l'avant, sache que le jour où ton urine redevient claire, où ton haleine cesse d'être fétide, où ta peau s'est renouvelée, tu n'as plus aucune raison de poursuivre ton jeûne, puisque cela signifie que ta purification est achevée. Sache surtout que le jour où tu ressens au niveau de tes papilles gustatives un irrépressible besoin de mâcher de la nourriture, tu dois impérativement suivre ton instinct, car le jeûne est entrepris pour accroître tes capacités de vie, il n'a nullement pour objectif de flirter avec la mort.

C'est d'ailleurs ce qui distingue radicalement un jeûne d'une grève de la faim. Dans les deux cas, il y a suppression de nourriture. Dans le premier cas, c'est pour dynamiser la vie. Dans le second, c'est au contraire pour faire peser sur une instance décisionnelle le spectre d'une mort éventuelle [13].

Si tu as peur du jeûne, n'entreprends pas de jeûner, car un jeûne doit être entrepris dans la joie. Il est d'autres formes de diète qui te permettront d'avancer vers plus de transparence et de légèreté. Un jeûne, pour être authentique, exclut tout esprit de performance ou de compétition. Tu n'as d'ailleurs pas à en faire état publiquement. Jésus, qui, d'après ses biographes, semble savoir de quoi il parle, te recommande même, ces jours-là, d'être attentif à te parfumer (Mt 6,17). A moins, bien sûr, que tu ne choisisses d'aller le vivre dans une solitude. Un jeûne, pour être efficace, ne peut en effet se vivre que dans la discrétion et dans la sérénité. Grégoire de Nysse, si mes souvenirs sont bons, n'hésitait pas à affirmer d'une façon qui peut paraître très paradoxale : « Le jeûne vivifie, le jeûne nourrit (!). En un mot, c'est le jeûne qui fait l'homme [14]. »

Si donc tu veux réapprendre à célébrer la fête du repas, commence par apprendre à jeûner. Tu connaîtras alors les délices d'un réel déjeuner.

Mais le jeûne, comme toute réalité humaine, ne va pas sans certains dangers, et je ne parle pas ici des dangers qui sont du domaine d'une surveillance médicale éclairée. C'est au cours de son jeûne dans le désert que Jésus, selon le récit des Evangiles, est soumis à une triple tentation (Mt 4,1-11).

Tentation tout d'abord d'accorder à la nourriture plus d'importance qu'elle ne doit en avoir dans nos vies. Si l'abstinence est vécue comme une frustration qui exacerbe le désir, mieux vaut bien sûr s'en abstenir que de prolonger indéfiniment la course après l'objet du désir. Jean-Paul Sartre, dans *Le Diable et le bon Dieu*, a bien illustré ce danger en donnant la caricature d'un ascète dont toute la conscience est polarisée sur la cruche qu'il porte à la hauteur de sa bouche mais dont il s'interdit de boire l'eau.

Tentation ensuite de se croire investi de pouvoirs extraordinaires, car il est vrai qu'un jeûne bien mené libère en nous des potentialités psychiques, mentales, et, espérons-le, spirituelles, insoupçonnées. Il est alors tentant de se croire vraiment supérieur aux autres et, à l'occasion, d'en profiter pour épater la galerie. Tentant de passer du « Que *ta* volonté soit faite ! », qui suppose un véritable détachement, à un « Que *ma* volonté soit faite ! », purement égocentré. Tentant de se prendre pour un surhomme.

Tentation, enfin, de profiter de cette présence à soi, plus lucide et plus forte, ainsi que de sa présence aux autres, plus efficace, pour revendiquer sur eux une influence accrue et une prééminence en quelque sorte de type politique.

Le jeûne est une épreuve. Il est l'occasion de passer au crible nos motivations. Il est un révélateur : il nous fait apparaître en toute clarté pour ce que nous sommes.

10.

Du bon usage de la continence et de la sexualité

C'est à l'animal en toi que tu dois d'être sexué. Homme ou femme, tu portes au plus profond de toi cette spécification sexuelle et il serait non seulement faux mais malsain, sous prétexte d'égalité civique, toujours à conquérir et à sauvegarder, de nier cette différence de l'autre sexe qui te marque dans tout ton mode d'être.

Homme ou femme nous naissons [1]. Notre sexe est déterminé au plus enfoui de nous, au niveau de nos chromosomes. La recherche scientifique a considérablement fait progresser nos connaissances sur ce point. Elle a identifié le lieu précis de cette différenciation. Notre anatomie et notre biologie s'ensuivent, à quelques accidents près de la nature, qui ne font ici que confirmer la règle. Bien avant notre naissance les jeux sont faits. Homme ou femme tu es né(e).

Pour autant le masculin et le féminin ne constituent pas deux pôles d'un binôme que nous devrions vouer à jamais à la rigueur d'une logique strictement binaire : la logique du tiers exclu. Une logique qui exigerait que nous ne soyons que l'un ou que l'autre, sans qu'aucun troisième terme ne puisse être envisagé. Au contraire, masculin et féminin forment un binôme de pôles opposés qui en évoque beaucoup d'autres :

le pôle positif et le pôle négatif,
l'actif et le passif,
l'émetteur et le récepteur
le solaire et le lunaire,
la lumière et la ténèbre,
le diurne et le nocturne,
l'explosion et l'implosion,
l'extension et la concentration,
l'éparpillement et le rassemblement,
le centrifuge et le centripète,
l'ouverture aux autres et le recueillement,
l'action et la contemplation,
le ciel et la terre
la transcendance et l'immanence.

Toutes ces polarités, la philosophie taoïste les a résumées de façon dense et lumineuse dans son célèbre binôme du Yin et du Yang[2], fondateur de tout ce qui existe. A l'origine il y a le Tao. (Ne me demande pas ce qu'est le Tao, puisque « le Tao qui pourrait se dire à travers des mots n'est pas le véritable Tao ».) Disons qu'à l'origine il y a l'Unité.

Mais cette Unité originelle porte en elle le deux. Elle est Yin et elle est Yang. Et c'est parce qu'elle porte en elle le deux, parce qu'elle peut faire jouer l'une sur l'autre ces deux polarités, ces deux dimensions d'elle-même, que peut surgir le monde tel que nous le connaissons, avec son indéfinie variété des êtres. Le multiple auquel nous appartenons ne peut émerger de l'Un primordial que parce qu'en lui-même celui-ci est porteur du deux.

Mais ne l'imagine surtout pas composé de deux parties : l'une qui serait Yin et l'autre qui serait Yang. C'est, tout naturellement, notre manière anthropomorphique d'imaginer les choses. Non : l'Unité primordiale ne se divise pas en parties. Elle est une et indivisible. Elle est au-delà du Yin et du Yang. Elle est totalement Yin, mais simultanément elle est totalement Yang. C'est du moins ainsi que je la comprends.

Il m'est arrivé un jour de me réveiller avec le souvenir d'un rêve visiblement d'inspiration taoïste. J'en étais fort étonné car, s'il est vrai que je compte le *Dao De Jing* parmi les grands livres du patrimoine de l'humanité, je n'en ai pas fait pour autant mon livre de chevet. Dans mon rêve, je voyais un disque lumineux, solaire. De ce disque primordial se détachaient deux autres qui, chacun, lui correspondait *adéquatement*.

L'un était Yin.
L'autre était Yang.

L'un était féminin.
L'autre masculin.

Chaque point du premier avait, de façon bi-univoque, son correspondant dans le disque primordial. A eux tous, ils en épuisaient la substance. Mais chaque point de l'autre avait aussi, de façon bi-univoque, son correspondant dans le disque primordial, et à eux tous, ils en épuisaient tout autant la substance. A la manière des ensembles transfinis de Cantor[3]. Chacun de mes deux disques avait la puissance du disque primordial. Ils ne se contentaient pas de n'être que des moitiés. Chacun s'identifiait au tout. Dès que l'infini entre en jeu, la bonne logique qui nous permet de fonctionner tous les jours, et selon laquelle *le tout est plus grand que la partie*, n'a en effet plus cours. Chacune de ses « parties » apparentes est en réalité identique au Tout.

Dans mon rêve, le disque primordial était donc au-delà du Yin et du Yang, au-delà du féminin et du masculin. Totalement l'un, totalement l'autre. Réconciliation des opposés, coïncidence des contradictoires, comme le disait si bien le cardinal de Cues[4].

Inutile de te préciser, ami lecteur, que je n'accorde à ce rêve aucune autorité particulière. J'en assume pleinement la paternité. Mais il arrive parfois que nos rêves, par d'étranges courts-circuits de la conscience, nous donnent accès, comme en vision, à la synthèse d'éléments sur lesquels nous avons travaillé en vain à l'état d'éveil. En l'occurrence, les recherches de Cantor sur le transfini venaient féconder mes lectures sur le Tao. J'ai seulement le regret, en racontant mon rêve dans les mots de notre langue et en me soumettant au nécessaire déroulement linéaire de mes phrases, de perdre quelque chose de son évidence et de son instantanéité. Dans mon rêve, tout apparaissait avec clarté, sans qu'il soit besoin de parler.

Cette trinité des origines, telle que je viens d'essayer de la décrire, ne correspond pas, comme on peut le voir, à la Trinité du dogme chrétien. Celui-ci, laborieusement élaboré au cours des premiers siècles de notre ère, pose un Père à l'origine, qui engendre un Fils et procède[5] à la procession de l'Esprit-Saint. Cette vision du fondement ultime du réel, qui allie la réflexion métaphysique des Grecs et le récit historique de la tradition chrétienne, a incontestablement ses lettres de noblesse. Elle projette dans l'éternité la structure du récit qui se passe dans le temps et que les théologiens appellent l'« économie du salut ». C'est en effet l'histoire d'un Père primordial qui aime tant le monde qu'il envoie son Fils unique pour le sauver. Celui-ci, pour permettre aux hommes de participer à sa filiation divine, après les avoir rachetés sur la Croix, leur fait partager son Esprit qui leur fait s'écrier à leur tour : *Abba*, c'est-à-dire Père. La Trinité éternelle, prototype céleste de cette histoire terrestre, ne peut donc être que Père, Fils et Saint-Esprit.

Mais le moins qu'on puisse dire c'est que, dans ce schéma, le féminin ne retrouve guère son compte. Même s'il est possible, sans trop d'acrobaties linguistiques et symboliques, de donner un caractère féminin à l'Esprit-Saint, dans l'ordre relationnel il est secondaire par rapport à la masculinité tant du Père que du Fils (du moins en ce qui concerne les Latins). On peut reconnaître, à ce simple trait, que les conciles qui ont défini la doctrine trinitaire n'étaient composés que d'évêques du sexe masculin. Les femmes en étaient totalement absentes[6].

Je sais que la trinité de mon rêve peut être soupçonnée de n'être qu'une pseudo-trinité, qu'elle ne fait que cacher un simple dépassement de la binarité[7]. Mais, pour ma part, aucun dogme ne m'impose d'avoir une vraie bonne trinité, solidement ancrée dans l'unicité de sa nature et la triplicité de ses personnes. Dans mon rêve, il n'était d'ailleurs pas question de personnes mais bien plutôt de relations entre des principes. « Ma » trinité est avant tout logique, relationnelle. Elle n'est pas personnelle.

A vrai dire, je ne prétends nullement en savoir plus que quiconque sur l'ultime fondement du réel. Il se situe au-delà de nos catégories et de nos mots. Il est de l'ordre de l'indicible. Tout discours à son sujet, qui peut s'exprimer avec des mots, a peu de chance d'être le discours originel.

Ma vision nocturne me suggère seulement une clé logique pour passer de l'Un primordial au multiple que nous sommes. C'est que l'Un était porteur du deux, qu'il était porteur en lui-même de l'actif et du passif, du positif et du négatif, du centripète et du centrifuge. Qu'il était porteur du Yin et du Yang. Porteur du masculin et du féminin. Et que tout ce qui vit sous le soleil, tout ce qui existe dans nos galaxies, est le fruit de l'interpénétration de l'un dans l'autre, de la fécondation de l'une par l'autre de ces deux grandes polarités. Chacun d'entre nous, de façon singulière, sous une forme absolument unique, est l'expression éphémère de ces noces éternelles, hors de l'espace et du temps, du Yin et du Yang, du principe féminin et du masculin.

C'est pourquoi, bien que je sois né homme, je suis porteur en moi du masculin et du féminin, dans une intimité nuptiale qui n'appartient qu'à moi seul. Et cela vaut aussi pour toi, amie lectrice, qui essaies de te retrouver dans ces réflexions. Dans chacune des rencontres que nous vivons, la partie ne se joue pas simplement à deux, comme il pourrait paraître de l'extérieur, le partenaire féminin représentant le Yin, le masculin le Yang. Chaque rencontre confronte en réalité les équilibres subtils atteints entre le Yin et le Yang dans chacun des deux partenaires. Un fruit du deux rencontre un autre fruit du deux. Il n'est de rencontre, en quelque sorte, que de couples.

Certes, pour accomplir la finalité biologique de l'accouplement et assurer, par la procréation, la survie de l'espèce, il est nécessaire que se rencontrent un homme et une femme (directement ou indirectement par la médiation d'un laboratoire). Cela fait partie des héritages heureux de la vie animale en nous. La rencontre sexuée de l'homme et de la femme est donc essentielle à la survie de l'humanité. Mais la rencontre de deux êtres humains, qui comporte nécessairement une dimension corporelle (et par conséquent sexuée, si ce n'est sexuelle), ne s'épuise nullement dans sa fonction procréatrice.

Celle-ci est essentielle à la survie d'un peuple. Elle n'est nullement essentielle à la richesse de l'échange qui s'instaure entre deux personnes humaines.

A l'époque où la mortalité infantile décimait les nouveau-nés, où les famines, les épidémies et les guerres accumulaient leurs ravages sur la population terrestre, il était naturel que chaque société assure son avenir en protégeant par toutes sortes de lois et de préceptes moraux son propre niveau de procréation. Il en allait de sa survie. C'est ainsi que les instances collectives se sont attribué un droit de regard autoritaire sur la vie sexuelle des individus. C'est ainsi que l'éthique qui s'est alors élaborée a privilégié la dimension sociale de la rencontre sexuée entre les êtres humains, et en a atrophié tous les autres aspects.

Les temps ont aujourd'hui bien changé, grâce essentiellement aux avancées des sciences et des techniques. Le premier et le plus évident de leurs bienfaits est en effet d'avoir considérablement accru l'espérance de vie des humains. C'est d'offrir à l'enfant qui naît aujourd'hui la perspective probable de nombreuses années de vie sur la terre. La survie de l'humanité n'est plus un problème, du moins pas sous l'angle de la natalité. C'est la surpopulation qui risque d'en devenir un. Il n'y a donc plus aucune raison de vouer la sexualité humaine, de manière exclusive, à la procréation.

Par l'évolution de la démographie, comme par le biais des moyens de plus en plus fiables de contraception dont nous disposons, la sexualité s'est effectivement émancipée, au cours de ces dernières décennies, de sa finalité strictement procréatrice. A la limite, un jour viendra peut-être où, comme Aldous Huxley le prophétisait dès 1932 pour en dénoncer les dangers, la procréation sera essentiellement prise en charge par des moyens techniques appropriés, hors de toute rencontre sexuelle entre deux partenaires. Elle serait alors assurée dans les laboratoires et les couveuses dont la description minutieuse et horrifique ouvre *Le Meilleur des mondes*.

Ce n'est pas vraiment l'avenir que je nous souhaite. Mais ce qui semblait totalement invraisemblable à l'époque où Huxley écrivait en visionnaire est entré aujourd'hui dans l'ordre du possible. Notre capacité d'intervention génétique dans l'ensemble du processus dépasse même celle qu'il avait pu imaginer. Je comprends que cela puisse faire peur et je ne suis même pas sûr que la création de comités d'éthique soit à cet égard suffisante pour exorciser nos peurs.

Mais il est un autre aspect de l'aventure, moins inquiétant, dont nous pouvons nous réjouir : c'est de voir la sexualité recouvrer son autonomie et devenir avant tout le signe efficace de la rencontre entre des êtres humains. Le jeu des polarités et de leur stimulation mutuelle est désormais largement ouvert.

Les mentalités, cependant, n'évoluent pas au rythme de l'évolution des sciences et des techniques. Il s'ensuit que nous vivons dans un monde schizophrénique. D'un côté, nous disposons, comme jamais dans l'histoire de l'humanité, des moyens d'émanciper notre vie sexuelle et, au-delà de la procréation, de lui faire jouer un rôle essentiel dans le développement de notre vie humaine. De l'autre, les codes moraux légitimement élaborés en d'autres temps, sous d'autres pressions sociales, avec d'autres préoccupations dominantes, continuent d'occuper le champ de notre conscience. Nous sommes tiraillés entre le possible et le moralement autorisé. Entre les deux, la loi s'efforce peu à peu de trouver des solutions de compromis. Mais cela ne suffit pas à donner un nouvel élan à nos vies.

Ce dont nous aurions besoin, c'est d'une nouvelle éthique de la vie sexuelle. Le fait qu'elle s'émancipe de sa fonction procréatrice ne la fait pas sortir du champ de notre hominisation. Bien au contraire. Moins préoccupés par le souci collectif de la procréation, nous pouvons plus librement chercher le rôle spécifique que peut jouer la sexualité dans notre quête d'une conscience plus éveillée. La rencontre de l'autre dans tout ce que son altérité peut m'apporter pour accéder à la plénitude du Yin et du Yang, du masculin et du féminin, est l'une des voies royales pour parvenir à la connaissance de ce réel qui se situe au-delà de l'un et de l'autre. Une des voies royales de la spiritualité.

Le catholicisme romain, pour des raisons que les historiens sont à même d'explorer, a toujours limité son point de vue sur la sexualité à sa finalité biologique et à sa fonctionnalité sociale. Il n'a, sur le sujet, que des discours limitatifs. Il se contente de préciser le cadre étroit dans lequel il autorise à cette dimension de l'homme le droit de s'exprimer : pour lui, ce cadre est strictement celui du mariage monogame, constitué en vue de la procréation. Tout le reste est purement et simplement interdit. On conçoit qu'une telle éthique réductionniste qui, déjà dans le passé, a considérablement appauvri la vie des hommes et des femmes qui s'y sont soumis, soit en total décalage par rapport à la situation d'aujourd'hui.

Il s'en est suivi dans notre monde occidental, après des siècles d'accommodements plus ou moins hypocrites, une violente réaction de rejet. La nouvelle règle morale, gravée sur nos murs en mai 68, est devenue dans ce domaine : « Il est interdit d'interdire. » La libération sexuelle des trente dernières années a fait sauter les tabous, pulvérisé les convenances sociales, repoussé les limites. Mais, dans sa dynamique réactionnelle, elle n'a pas reconstruit un discours humain sur la sexualité. Elle l'a banalisée. Au lieu de profiter de l'émancipation de sa finalité procréatrice pour en dégager la signification et l'efficacité, en termes d'avancée vers une pleine humanité, elle l'a en grande partie vidée de son sens. La rendant insignifiante.

Nos contemporains ont certes raison de récuser le discours moralisateur de l'Eglise et de la société sur leur vie sexuelle parce qu'il a perdu, en cours de route, la pertinence de son propos. Mais le pape n'a pas complètement tort de dénoncer, de son côté, la perte de toute vision humaine de la sexualité que notre civilisation a subie. Ces deux discours, forts de leur point de vue, peuvent indéfiniment se renvoyer la balle sans que nous soyons plus avancés.

Ami lecteur ou amie lectrice, tu es un être sexué. Ta sexualité fait partie intégrante de ta vie d'homme ou de femme, au même titre que les dimensions minérales, végétales et animales que nous avons déjà évoquées. Il ne sert à rien de la nier, de vouloir l'ignorer, ou encore d'essayer de la cantonner dans un petit coin bien isolé du reste de ton existence. Elle est une dimension de ce corps que tu es.

Elle entre donc dans la dynamique du *signe efficace* qui te caractérise et acquiert, de ce fait, comme tout ce qui te touche, une double dimension. La sexualité entre ainsi dans la sphère du langage par lequel tu te dis au monde, et à travers lequel tu construis ta relation aux autres. Elle est l'un des modes de ton expression. L'un des modes de ta propre construction et de ta participation à la construction de l'autre. Ces deux fonctions, à vrai dire, n'étant pas séparables l'une de l'autre.

Notre sexualité ne s'épuise évidemment pas dans notre seule génitalité. Toutes nos rencontres ont une certaine connotation sexuelle, d'attraction ou de rejet, de sympathie ou d'antipathie, sans pour autant mettre en œuvre notre génitalité. Notre expression sexuelle peut prendre une grande variété de formes et jouer sur une gamme très étendue de nuances. De la tendresse à la violence. Dans chaque cas, il importe de trouver l'expression la plus juste. Celle qui ne dit ni trop ni trop peu. Cela suppose un vrai travail sur soi, et une vigilance du même type que celle que j'exerce en écrivant ces lignes, à savoir de trouver les mots qui expriment au plus juste ma pensée et qui la livrent, sans scories, en toute transparence. Ni en deçà ni au-delà de ce que je veux dire. La sexualité entre alors dans le champ de la conscience. Elle se met à son service, lui permettant de croître et de s'exprimer.

Sous prétexte de liberté, il ne s'agit donc pas pour moi, à travers l'expression de ma sexualité, de dire n'importe quoi. C'est, si j'ose dire, une question d'honnêteté intellectuelle. Je puis certes prendre la liberté de t'exprimer tout l'intérêt que je te porte, toute la joie que me procure ta rencontre, la profonde connivence que je sens s'établir entre toi et moi. Mais pour prendre consistance, la relation doit nécessairement se construire à deux. Elle ne peut se développer que dans la réciprocité.

Il est parfois très dur d'avoir à en accepter l'absence. L'absence de réciprocité peut exiger un travail sur soi qui s'apparente au deuil. Le deuil d'une relation rêvée, d'une relation fantasmée. Il en va de notre maturité.

Une relation féconde ne peut se construire unilatéralement. Au fur et à mesure que je m'exprime, je perçois ta propre expression, et la première marque d'amour que je puis te manifester est de la respecter. Ainsi se construit peu à peu le discours relationnel, dans l'attention mutuelle à l'expression de l'autre. Il suppose de ne jamais poser de signe qui m'engage, à l'égard de l'autre, au-delà de ce que je sais pouvoir tenir. Cet engagement peut n'être qu'éphémère, juste la grâce d'un instant, mais il doit alors s'exprimer de telle manière que cela soit clairement perçu.

La véritable relation n'est pas de l'ordre de la séduction, qui est une sorte de surenchère de l'expression amoureuse pour arriver à ses propres fins, en forçant l'attention de l'autre, en extorquant sa réciprocité, quitte à l'abandonner ensuite dans le plus grand des désarrois.

C'est que la relation féconde entre deux êtres, celle qui les entraîne dans la spirale de la découverte de soi par l'intervention de l'autre, est aussi celle qui sait conjuguer l'établissement d'un lien entre eux avec le respect de leurs deux libertés, qu'il lui revient d'unir. Lien et liberté ne sont pas le contraire l'un de l'autre. La qualité du lien sera d'autant plus grande et d'autant plus durable qu'il sera fondé sur le respect réciproque de la liberté de chacun. Si le lien se délite, au point de ne plus exister, aucune relation ne peut se construire. C'est sa mort par éclatement. Mais si le lien se veut trop étroit, trop exclusif, si la relation cède le pas à la fusion, elle disparaît de nouveau en tant que telle. C'est sa mort, non moins sûre, par étouffement.

La véritable relation (et donc l'amour authentique) est aux antipodes de la possession. Elle est de l'ordre de la révélation par l'un des profondeurs insoupçonnées de l'être propre de l'autre. Et réciproquement. Par tes caresses, tu me révèles à moi-même. Loin de me réduire à n'être qu'un objet, l'objet de ta propre jouissance, tu m'exaltes comme sujet. La véritable relation entraîne chacun des deux partenaires dans la découverte émerveillée de ses potentialités.

Au gré des rencontres, la vie devient alors une exploration des richesses de l'être. Une véritable bénédiction. Bienheureux celui qui renonce à asservir ses partenaires à sa passion, car il pourra, par son amour, révéler les autres à eux-mêmes [8].

Thomas d'Aquin enseignait que l'amour est spécifié par son objet. Il s'agissait pour lui de distinguer l'amour conjugal de l'amour filial ou de l'amour parental. Mais je pense qu'il est pertinent d'étendre son idée aux différentes formes d'amour dans lesquelles nous pouvons être impliqués. Chacun de nos amours est en effet spécifié par son objet. L'un n'est pas le rival de l'autre, car dans chaque cas la relation est singulière. L'un n'est ni une infidélité ni une tromperie à l'égard de l'autre, si du moins l'un et l'autre sont vécus dans la transparence, au-delà de tout attachement égocentré et pathologique. L'amour est alors rencontre de deux libertés.

Cette ouverture de la sexualité aux dimensions mêmes de la vie n'entraîne pas nécessairement une suractivité de la génitalité. L'orgasme n'est ni la seule forme ni la fin obligée de toute rencontre sexuelle entre deux êtres qui se découvrent et entrent dans le jeu d'une authentique relation. Il est un aboutissement. Un dépassement de chacun des deux partenaires. Dépassement qui a servi depuis des millénaires de métaphore à l'union mystique, c'est-à-dire au dépassement que connaît la conscience quand elle fait irruption dans la conscience éveillée du monde. « De même que, lorsqu'on est étroitement enlacé par une femme chérie, on ne connaît rien qui soit extérieur ni intérieur, ainsi cette personne, étroitement enlacée par le Soi qui est plénitude de connaissance, ne connaît rien d'extérieur ni d'intérieur[9]. » C'est ainsi que, de tous temps, la tradition a lu le Cantique des cantiques comme le poème de la rencontre de l'être humain avec son Dieu. Et, de façon plus générale, on peut dire avec Mircea Eliade que la sexualité a toujours été considérée comme une force sacrée, comme la manifestation directe du sacré dans la vie cosmique[10]. Tout dépend du regard que nous portons sur elle.

Tout en nous est sexué. Rien n'échappe en nous à cette polarisation. Il ne s'ensuit pas pour autant que la sexualité soit le principal moteur de notre activité[11]. Dans notre quête d'une conscience éveillée, comme toutes les autres dimensions de notre vie elle a son rôle à jouer. Il serait dangereux de vouloir l'ignorer. Il ne serait pas pertinent pour autant de l'exagérer. De même que le sommeil conditionne la qualité de notre éveil, de même que l'art d'habiter humainement chacun de nos mouvements nous conduit aux sommets de la posture immobile, de même enfin que le jeûne nous prépare à la fête du repas, de même notre capacité à maîtriser l'expression de la sexualité, notre capacité à la contenir, sont les préalables à notre capacité à la vivre dans sa plénitude.

La continence a donc, elle aussi, sa place dans nos vies.

Il est aujourd'hui difficile d'en parler tant les millénaires que nous venons de vivre, du moins en Occident, nous en ont donné une image strictement négative. La continence des couples mariés astreints à n'exercer leur sexualité que dans le cadre de la procréation, la continence forcée des célibataires de fait, auxquels toute sexualité était prohibée, la continence choisie des moines et des moniales, toutes ces formes de continence ne nous ont été présentées que sous l'angle de l'interdit, du refoulement, de la négation. Pas plus que des autres aspects de la sexualité, il n'était convenable d'en parler en société. Il suffisait de s'abstenir. Il n'y avait rien à en dire, si ce n'est dans l'atmosphère feutrée du confessionnal, réservée à la confidence de sa transgression. Les manuels des confesseurs ont longtemps détenu le monopole de la littérature pornographique. Ils disséquaient avec complaisance ce qui était alors considéré comme le vice par excellence. Tout procédait d'une vision purement négative de la sexualité.

Le christianisme officiel, auquel nous avons coutume d'imputer, non sans raisons, ce crime de lèse-humanité, n'est sans doute pas le seul en cause dans cette affaire. Au moment de son élaboration, dans ce melting-pot extraordinaire que fut alors la partie orientale du bassin méditerranéen et tout spécialement la ville d'Alexandrie, plusieurs courants de pensée portaient un jugement très sévère sur la sexualité. « La méfiance à l'égard du corps et du plaisir, le pessimisme en matière de sexualité correspondent plutôt à un héritage de l'Antiquité qui s'est dans une certaine mesure perpétué jusqu'à nos jours par l'intermédiaire du christianisme [12]. » Uta Ranke-Heinemann, historienne des rapports entre l'Eglise catholique et la sexualité, apporte à l'appui de cette assertion de nombreuses citations qui montrent que le christianisme n'a pas fait preuve d'innovation dans ce domaine, mais s'est laissé influencer par les opinions philosophiques et religieuses qui avaient cours dans les premiers siècles de notre ère, laissant en jachère certaines des intuitions évangéliques qui auraient pu orienter la pensée vers de tout autres réflexions.

Je laisserai aux historiens le soin de démêler la part du judaïsme, de l'hellénisme, du stoïcisme, de la gnose dans sa version dualiste ou encore de la pensée spécifique de saint Paul ou de saint Augustin dans l'élaboration de la vision négative que le christianisme nous a transmise de la sexualité et dont il ne nous est pas si simple, aujourd'hui encore, de vraiment nous libérer. Lorsque la sexualité n'est plus vécue sous le mode de la soumission aux interdits moraux de la tradition, il est à craindre qu'elle continue à se vivre, pour beaucoup, sous celui de leur transgression. Ce qui n'est guère mieux, parce que c'est encore une autre façon de s'y référer. Il faut bien le reconnaître, il nous reste à apprendre à vivre la sexualité sous le mode ni de la soumission ni de la transgression, mais sous celui de la transparence, de la pureté et de la luminosité.

C'est pour moi le sens très exact que nous devrions donner à la chasteté. L'idée de chasteté est étymologiquement liée à celle de pureté, nullement, comme nous avons tendance à le penser, à celles de renoncement et d'abstinence totale de toute activité sexuelle. La chasteté, en tant que telle, n'est donc liée ni au célibat ni à la continence perpétuelle. Elle me semble liée avant tout à la qualité du regard que chacun d'entre nous porte sur les êtres qu'il rencontre. Regard plein d'attention, de respect, d'ouverture, de disponibilité à l'attente de l'autre. Regard libéré de la peur et capable, de ce fait, de dénouer la peur dans le cœur de l'autre.

Car nos relations sont très souvent empoisonnées par la peur. Peur d'être soi-même et de s'assumer en toute simplicité. Peur de manquer aux convenances. Peur d'être jugé par l'autre. Peur de ne pas être sexuellement à la hauteur de la relation. Peur tout simplement de la vie. Seul celui qui est libre de toute peur peut libérer l'autre de sa propre peur et lui rendre confiance en lui-même.

Pour vivre tes amours avec chasteté, apprends d'abord à te déprendre de toi-même. Apprends à te libérer de tes peurs. Tu pourras alors aimer sans crainte de te fourvoyer ni de fourvoyer ton partenaire.

Si, comme on le voit, la chasteté nous concerne tous et ne concerne pas seulement ceux qui en prononcent le vœu, la continence, elle aussi, est l'affaire de tous. Il n'est pas de vie sexuelle signifiante en effet qui ne passe par l'alternance de la continence et de l'expression. Une sexualité à fleur de peau qui n'en finirait pas de s'exprimer perdrait toute signification et toute puissance d'expression. La continence n'est nullement négation de la sexualité. Pas plus que l'expir n'est la négation de l'inspir. Elle est l'un des temps de cette respiration qui caractérise toute notre vie humaine. Elle est le temps de la concentration qui précède celui de l'explosion. Elle est le temps du rassemblement des énergies.

Les stoïciens en avaient déjà une certaine conscience, même s'ils n'ont pas développé ce point avec autant de perspicacité que les traditions tantrique et taoïste, pour lesquelles l'énergie sexuelle est l'une des énergies essentielles du devenir humain. Le concept d'énergie est au cœur de plusieurs des philosophies orientales. On le retrouve en Inde, au Tibet, en Chine ou au Japon. C'est un concept qui peut paraître flou aux yeux de la rationalité scientifique occidentale, même s'il est possible d'en trouver l'équivalent chez plusieurs de nos philosophes [13]. Il induit une vision vibratoire et énergétique de tout corps vivant, et en particulier de la vie humaine, qui ne manque pas de cohérence et qui prouve une certaine efficacité opératoire, comme on peut le constater dans les différentes approches de la maladie et de la santé que développe, par exemple, la médecine chinoise.

Dans cette vision énergétique de la vie, l'énergie sexuelle est loin d'être considérée comme la seule, ni même comme la principale. En particulier, elle ne se confond pas avec la *kundalini* qui joue un rôle essentiel dans plusieurs des traditions de l'Inde. Lovée au niveau de ce qui, non sans raison, s'appelle le sacrum, celle-ci s'éveille sous l'effet du travail spirituel accompli et monte le long de la colonne vertébrale. En cours de route, il lui faut vaincre bien des blocages, traverser des nœuds d'énergie perturbée. Mais, lorsqu'elle parvient enfin au sommet du crâne, elle ouvre l'homme à la plénitude de l'être.

L'énergie sexuelle n'est pas la *kundalini*. Elle n'en est pas moins considérée comme l'une des énergies qui contribuent à l'épanouissement de l'être humain. Il est alors inconcevable de la gaspiller en l'utilisant à tort et à travers, sans but ou sans propos, c'est-à-dire sans la mettre au service soit d'une certaine efficacité soit d'un sens certain. Ce serait la meilleure façon de se diluer, de se disperser. Le meilleur moyen de renoncer à devenir un homme ou une femme au sens plénier des termes. Toutes les initiations chamaniques y ont recours [14], car « quand il y a continence, il y a acquisition d'énergie [15] ». La continence n'est pas perçue alors comme la négation de la sexualité mais bien comme son exaltation [16] et comme la condition de son expression la plus forte et la plus signifiante.

Pour devenir spirituel, il ne s'agit donc pas de nier ou de minimiser la dimension sexuelle de notre être, mais au contraire de l'assumer. Que ce soit dans ses temps de continence où elle contribue au renforcement des énergies intérieures ou que ce soit dans ses temps d'expression où elle devient l'occasion d'une exploration de l'être. Occasion d'un échange d'énergies entre partenaires, mais aussi avec tout l'univers.

11.

Du bon usage de la parole et du silence

Ferme les yeux et écoute la personne qui te parle. A travers le rythme de sa respiration, la puissance ou la faiblesse du souffle qui l'anime, le timbre de sa voix, tu percevras, mieux qu'à travers tous les autres signes qu'elle t'adresse, les tensions ou au contraire la paix intérieure qui l'habitent. Avant même de prêter attention à ses propos, tu seras sensible à la vibration qui se dégage de sa voix. Il y a des voix qui nous agressent quand bien même les mots qu'elles prononcent sont bienveillants. Des voix qu'il nous est difficile de supporter, en dépit de notre civilité. Il en est d'autres au contraire qui nous apaisent. Indépendamment des contenus verbaux qu'elles véhiculent. Comme si la vibration bénéfique qu'elles propagent était contagieuse et nous faisait, par elle-même, partager le bien-être existentiel de celui ou de celle qui l'émet. Comme si elle nous permettait de nous brancher sur la vibration originelle de l'univers dans lequel nous vivons.

Par ta voix, encore plus que par les autres dimensions de ta présence corporelle au monde, tu te livres à la lecture que les autres peuvent effectuer de ton être le plus caché, le plus profond. Par elle, tu te traduis. Et, dans certains cas, indépendamment de ta volonté, par elle tu te trahis.

Nous partageons avec tous ceux des animaux qui respirent le fait d'être traversé par un souffle. C'est le point de départ de notre vie spirituelle. Elle va nous entraîner comme dans une spirale, de l'air que nous inspirons jusqu'au verbe qui, espérons-le, inspire nos paroles. Serge Wilfart parle de sept degrés dans cette ascension, qui devient proprement humaine dans la mesure où, de bas en haut, elle est habitée par la conscience. Il s'agit de la maîtrise que nous avons à acquérir de la respiration, du souffle, de la vibration, du son, de la voix, du chant, pour parvenir jusqu'au Verbe [1].

A chacune de ces étapes correspond un véritable travail sur soi pour transfigurer, un à un, en instruments et en supports de notre conscience spécifiquement humaine, ces éléments que nous partageons avec le monde animal. La simple prise de conscience de notre respiration peut nous permettre de nous apaiser intérieurement ou de concentrer nos énergies. De même, par un travail sur la qualité des sons que nous émettons, nous pouvons parvenir à la perception de l'état de tension dans lequel nous nous trouvons. Nous pouvons alors nous ressaisir et retrouver et la fermeté et la fluidité intérieures qui devraient nous caractériser.

Il te faut donc apprendre à respirer. Apprendre à souffler. Apprendre à vibrer. Apprendre à laisser le son surgir des abysses de ton être. Apprendre à résonner, au mépris de toute règle académique du chant, du murmure qui t'exprime en plénitude[2]. Peu à peu la qualité du son que tu émettras sera ton propre thérapeute. Il t'aidera à retrouver ta verticalité. Il dénouera tes nœuds intérieurs et t'introduira dans la paix.

Dans notre vie quotidienne, nous n'avons plus l'occasion de chanter. Les postes radiophoniques, les lecteurs de disques et de cassettes, les récepteurs de télévision chantent désormais pour nous et nous fournissent leurs ondes par procuration. Nous sommes encore récepteurs, nous ne sommes plus que très rarement émetteurs. Nous nous sommes laissé déposséder de notre propre chant. Nous avons oublié le bonheur qu'il y a à chanter pour soi-même, mais encore plus le bonheur qu'il y a à accorder sa voix sur celle des autres et à articuler son propre chant avec celui des autres. Bonheur à l'état pur qui n'exige aucune autre justification que lui-même. Le chant ne sert à rien si ce n'est à procurer la joie de chanter. Il est l'expression de la joie d'être. Un point c'est tout. A son sujet, je serais tenté de paraphraser l'adage d'Abraham Heschel et d'affirmer :

Just to sing is a blessing
(Chanter est à soi seul une bénédiction)[3] !

Les moines de presque toutes les traditions passent chaque jour des heures à chanter. C'est, je dois l'avouer, de mes vingt et une années de vie monastique institutionnelle ce qui, aujourd'hui, me manque le plus. Je ne me vois pas chanter dans le métro en allant ou en revenant du travail. Je ne me vois pas non plus chanter au cours de mes heures de bureau et je n'ai pas eu la sagesse de me créer un cadre de vie domestique qui prévoie le chant comme un mode naturel d'expression. Le chant est ainsi sorti de ma vie. En choisissant à dix-huit ans la vie monastique traditionnelle, telle que la proposait l'abbaye de Boquen au début des années 50, ce à quoi il me coûtait le plus de renoncer était incontestablement la danse. Elle ne faisait pas partie du programme de vie proposé par la Règle de saint Benoît ! En quittant mon monastère vingt et un ans plus tard, ce à quoi il m'a le plus coûté de renoncer, c'est à n'en pas douter le chant. Une vie dans laquelle on passe, jour et nuit, des heures à chanter.

Serge Wilfart affirme que « la voix chantée, dans toute son étendue et sa richesse harmonique vraie, peut relier le cerveau gauche et le cerveau droit pour rééquilibrer potentiel animal, vie mentale et aspiration spirituelle[4] ». Je veux bien le croire, car j'ai souvent constaté qu'une ou deux heures de psalmodie, au cours desquelles, à la manière des musiques répétitives contemporaines, la mélodie est renvoyée d'un côté du chœur à l'autre, d'une colonne de moines vers l'autre, entraîne immanquablement un apaisement des émotions, de l'agitation mentale et de toute pensée discursive. Le sens des mots qui servent de support à cette psalmodie, inlassablement reprise comme les vagues de la mer, importe finalement peu. Ils n'ont pas la puissance d'un texte (qui demanderait à être lu pour que son message soit reçu en tant que tel). Ils ne sont qu'un « pré-texte ». Un prétexte à accéder à un autre niveau de conscience. Au-delà des mots et de l'activité cérébrale que suppose leur maniement.

Cela, bien sûr, exige un chant qui surgisse du plus profond des entrailles, qui fasse vibrer le diaphragme avant de faire vibrer les cordes vocales, et exprime la plénitude de l'être. Rien à voir avec l'interprétation asexuée du chant grégorien que le romantisme du XIXe siècle a voulu nous imposer comme la norme du chant sacré occidental. Ce chant intellectualisé ne met en mouvement que la partie supérieure du corps. Tout appel aux entrailles semble en effet indécent dans ce contexte désincarné où il n'est nullement question de laisser l'homme s'exprimer autrement que par son « âme ». A la différence des moines tibétains dont le chant met en œuvre les vibrations les plus profondes, à la différence de l'orthodoxie orientale qui a su, même au XIXe siècle, créer des chants liturgiques qui en appellent à tout l'être des hommes et des femmes qui les chantent, l'Occident se voit aujourd'hui dans l'obligation de réinventer son chant sacré, en s'autorisant à replonger jusqu'aux racines de l'être.

Respirer, souffler, vibrer, émettre des sons, voire chanter n'est pas le propre de l'homme. Tout cela participe de la strate animale en lui. Il lui revient de le soumettre à l'influx de sa conscience proprement humaine et de le faire participer à l'alchimie de sa vie d'homme. Il en va tout autrement de sa parole, qui est l'outil privilégié de sa communication avec ses semblables et lui permet, en partageant l'univers de sa pensée, de croître et de progresser. « Entre le mutisme des bêtes et le silence des dieux, il y a la parole de l'homme[5] », écrit Michel Tournier. Avant de parvenir à communier au silence de Dieu, l'homme doit faire l'apprentissage de sa propre pensée et de la parole qui l'exprime. Il doit faire l'apprentissage de la socialité.

Cela passe par la maîtrise de sa parole. Une parole non maîtrisée n'est que bavardage. Elle agace celui qui doit en subir le flot et ne possède aucun poids. Elle n'est efficace que de nuisance mentale et n'est porteuse d'aucun sens. Celui qui la profère n'a d'autre préoccupation que de maintenir l'attention sur lui. Il souffre de ce que les Américains appellent *attention trip*, c'est-à-dire d'un besoin maladif d'attention. Il n'a rien à dire. Rien à transmettre. Il a seulement besoin de pomper l'énergie de celui ou de ceux à qui il s'adresse.

Le phénomène est observable à l'occasion de toute conférence publique suivie d'un débat. Parmi les intervenants, il s'en trouve toujours au moins un qui ne prend la parole que dans le seul but d'attirer sur lui l'attention de tous. Son discours est confus, répétitif, commence sérieusement à insupporter l'auditoire, mais il s'entête et persiste jusqu'à provoquer l'hostilité ouverte autour de lui. Peu lui importe. Mieux vaut encourir l'opprobre de tous que de passer inaperçu ! C'est un malade de la parole.

Une parole pleinement humaine est une parole chargée de sens et qui, de ce fait, possède déjà en elle-même une certaine efficacité sur les êtres et sur l'ordre des choses. Discipliner sa parole est le premier pas pour mettre de l'ordre dans sa tête. Le premier pas pour mettre de l'ordre dans ses relations. Le premier pas pour contribuer au développement de la culture et à l'élaboration de la civilisation, même modestement. Le premier pas pour trouver sa juste place dans la société.

Nous nous émerveillons du babil des enfants, car il est extraordinaire de les voir accéder si vite au registre de la parole. Mais nous savons bien que pour devenir des hommes et des femmes adultes, ils auront à passer du babil infantile à une parole construite, fût-elle une parole gratuite et poétique.

En fait, la maîtrise de la parole appelle celle du silence : du silence qui la précède et lui permet de mûrir, comme du silence qui lui succède et lui permet de livrer tout son suc. Le silence, expression de l'homme intériorisé au monde qui l'entoure, n'est ni le silence de l'angoisse qui bloque physiquement toute expression, ni celui de l'interdit disciplinaire. Il nous arrive de connaître le premier, dans des situations qui nous oppriment, et d'imposer parfois le second à ceux qui nous entourent, en particulier aux enfants, lorsque toute parole nous insupporte. Dans un cas comme dans l'autre, il s'agit d'un silence mortifère.

Par opposition, le silence vivant porte en lui la parole comme une femme porte son enfant. Seul le silence, vécu dans la conscience et l'attention intérieures, peut accoucher d'une parole pleine de sens. Et, en retour, c'est d'une parole pleine de sens que peut émerger un silence qui soit un au-delà de la parole, non un en-deçà. Une parole qui renvoie à un niveau supérieur de conscience. Silence et parole, pour qui progresse sur le chemin de l'éveil, ne cessent de se féconder mutuellement.

Lao Tseu affirme que celui qui parle ne sait pas. Quant à celui qui sait, il ne parle pas[6] ! Celui, parmi nous, qui est un être humainement accompli n'a plus besoin de beaucoup de paroles pour s'exprimer. Sa présence silencieuse est déjà un message. Sa posture, son regard, son sourire sont déjà porteurs de paix, avant même que ne s'élève le son de sa voix et que ne s'articulent les paroles qu'il choisit de nous adresser. Nous sortons alors du registre strictement rationnel et discursif pour accéder à un autre niveau de communication.

Aujourd'hui, le bavardage entre personnes physiques est relégué à un rang tout à fait secondaire parmi les facteurs de nuisance mentale que nous avons à maîtriser. Les moyens modernes de transmission démultiplient en effet à l'infini les possibilités sinon d'échanges, du moins d'information. Décennie après décennie nous entrons dans la civilisation de la communication. Nous en sommes à inaugurer des « autoroutes de l'information » dont on nous annonce qu'elles vont bouleverser, encore plus que toutes les inventions précédentes, notre rapport à l'espace et au temps, notre rapport à la société, notre rapport aux autres hommes.

La radio déverse sur nous ses flots de paroles et de musiques. La télévision y ajoute son flot d'images. Les ordinateurs, alliés au téléphone avec ses fibres optiques et ses satellites, nous permettent d'entrer en interaction avec des interlocuteurs disséminés sur toute la surface de la terre. Notre planète rétrécit à vue d'œil et tisse peu à peu un réseau de connexions qui n'est pas sans rappeler, à l'échelle planétaire, le réseau neuronal de notre cerveau.

Nous assistons, plus ou moins passivement, ou nous participons, plus ou moins activement, à ces mutations. Mais comment allons-nous maintenir la dialectique féconde de la parole et du silence dans ce déferlement d'informations ? Quand allons-nous prendre conscience de la nécessité pour nous d'inventer, à la mesure de notre temps, une véritable ascèse des moyens de communication ? Ascèse non seulement pour les consommateurs que nous sommes tous, de plus en plus, mais ascèse aussi pour les producteurs et les émetteurs qui jouent un rôle de plus en plus prépondérant dans la définition d'une culture mondialement partagée.

L'ascèse qu'ont inventée nos ancêtres, en élaborant leur art de vivre, consiste à moduler l'usage de tous les biens terrestres de telle façon qu'ils concourent à la libération de l'homme et non à son aliénation. Qu'ils contribuent à l'éveil de sa conscience et non à son endormissement. Qu'ils permettent la délicate éclosion de la liberté intérieure et non la prolifération des conditionnements sociaux. Aldous Huxley nous a déjà mis en garde, il y a plus de soixante ans, contre les risques d'aliénation dont notre civilisation technicienne est porteuse si nous n'y prenons garde, si nous ne prenons pas l'initiative de veiller à ce que toutes les découvertes prodigieuses de l'esprit humain s'orientent vers une hominisation toujours en évolution et non vers un abêtissement ou, encore plus, une robotisation générale. A nous de veiller à ce que *le meilleur des mondes* soit vraiment le meilleur pour l'humanité !

Il ne suffit sans doute pas pour cela de créer un « comité d'éthique de la communication ». Serait-il sage de déléguer notre devoir de vigilance à un petit nombre de sages ? Notre responsabilité personnelle est engagée. Non seulement à l'égard de nous-mêmes, mais aussi à l'égard des générations à venir.

La question est plus importante qu'il n'y paraît au premier abord, car il ne faut pas sous-estimer la puissance des images et de la parole pour façonner le monde dans lequel nous vivons. Elles contribuent à créer l'univers mental qui se traduit ensuite dans la réalité, à travers nos actes. Ce que nous pensons, ce que nous visualisons, finit toujours par se réaliser d'une manière ou d'une autre. Il suffit de constater l'efficacité prophétique de la science-fiction, qui a pris le relais des légendes d'autrefois, pour en être convaincu.

C'est pourquoi il ne suffit pas d'en appeler à une écologie de la nature, il convient aussi d'en appeler à une écologie de l'esprit[7].

12.

Du bon usage du vêtement[1]

La sagesse populaire affirme que « l'habit ne fait pas le moine ». Pour une fois, nous pouvons la prendre en défaut de précision. Ce que le proverbe devrait affirmer pour être plus proche de la réalité, c'est que l'habit *ne suffit pas* à faire le moine. L'expérience prouve en effet que si l'habit ne suffit pas à faire le moine, il y contribue néanmoins pour une bonne part car, comme son nom l'indique, l'habit est déjà le début d'une *habit*-ude.

Le vêtement n'échappe pas à la double caractéristique du signe efficace que nous retrouvons à chaque tournant de notre prospection de la vie humaine. Nos migrations à partir des terres tropicales de nos origines vers des contrées plus nordiques, puis les transformations climatiques que notre planète a connues à l'échelle des millénaires, nous ont imposé de nous vêtir pour nous protéger du froid (ce que symbolise peut-être l'éviction du Paradis que nous racontent les premiers chapitres de la Genèse). Le vêtement nous est alors devenu comme une seconde peau. Il est une peau artificielle, un signe de culture, une construction sociale[2]. Nous le chargeons dans notre vie de tous les jours de la double et délicate mission de nous donner à voir aux autres tout en leur cachant notre intimité. C'est à lui que revient (avec, entre autres, l'*habit*-ation[3]) la charge de construire, au moins en partie, l'image que nous voulons donner de nous-même dans le spectacle de la comédie humaine. Même si nous décidons de ne lui accorder que peu d'importance et d'apparaître en tenue « négligée », ce fait même, mieux qu'un discours, nous décrit encore au regard d'autrui et lui révèle notre manière d'être et de vivre.

Tous les conformismes ont leurs codes vestimentaires. Et Dieu sait s'il y en a ! Mais l'anticonformisme lui-même a nécessairement sa traduction vestimentaire. Qu'on se souvienne des hippies dont les tenues bigarrées ont égayé les squares et les rues de nos villes dans les années 60 ! Personne n'échappe à la règle, pas même le nudiste dont le choix d'en rester à la tenue originelle est lui-même significatif – ô combien ! – d'un certain rapport aux règles de la société, convenues depuis quelques millénaires.

La blouse des écoliers a sans doute disparu de nos écoles publiques, mais certains établissements scolaires imposent encore l'uniforme à leurs élèves. C'est devenu le signe d'appartenance à une certaine classe sociale. De nombreuses professions gardent leur vêtement distinctif, bien au-delà de son aspect strictement utilitaire. Sans doute le bleu de travail s'impose-t-il encore dans certains cas, mais il n'a pas la même signification que le tablier blanc des bouchers et des charcutiers qui, en dépit de sa couleur, ne se confond pas pour autant avec les blouses blanches des professions sanitaires.

On n'imagine pas les gendarmes ou les soldats sans uniforme, ni les magistrats ou les avocats sans leur toge, les casinos sans leurs clients en smoking, les mariages sans robe de mariée et les soirées mondaines sans tenue de rigueur (le mot est bien choisi pour signifier le peu de liberté qui nous est délibérément laissé).

Sans nous arrêter à ces cas particuliers dont la liste pourrait s'allonger sans fin mais qui aurait le tort de nous donner l'impression que nous ne sommes pas directement concernés (l'uniforme, c'est l'affaire des autres !), nous devons constater que nous sommes tous soumis à la pression vestimentaire du milieu dans lequel nous vivons. Elle s'exerce par un mimétisme qui s'impose à nous plus sûrement que ne le ferait une loi. C'est la loi de la mode. Elle concerne notre façon de nous chausser, de nous vêtir, de nous coiffer, de porter ou non un couvre-chef. Elle est en général si contraignante pour les hommes qu'elle engendre la plus grande des monotonies dans un milieu social donné. C'est le syndrome chinois, à l'époque de Mao, à cette différence près que la mode selon Mao s'imposait à tous, indépendamment des sexes, des âges ou des milieux concernés, alors que la nôtre est beaucoup plus sélective. Elle permet d'identifier non seulement les professions mais aussi les classes d'âge, les milieux culturels et les classes sociales.

Le vêtement nous expose. Il parle pour nous. Il dit ce que nous sommes, ou du moins ce que nous croyons être. Il anticipe parfois. Il prophétise alors ce que nous aimerions devenir. Il est un signe que nous adressons au monde pour que chacun puisse le décrypter et ainsi commencer à nous connaître. Mais il peut aussi servir à nous dissimuler. Nous nous cachons en partie derrière lui. D'où notre gêne lorsque nous nous retrouvons nus. Tout vêtement risque ainsi de devenir un masque. En superposant une structure sociale à ce que nous sommes vraiment, il peut tout simplement devenir mensonge[4].

Mais sa fonction ne se limite pas là. Il ne se contente pas de dire. Il amorce, par lui-même, la réalisation de ce qu'il dit. Selon la manière dont je m'habille, selon l'uniforme que je porte, je m'engage vis-à-vis de la société à un certain comportement. Je m'oblige en quelque sorte à agir en conformité avec ce que mon vêtement proclame. Suivant le cas, en maître ou en serviteur. En bourgeois ou en loubard. En cadre d'entreprise ou en artiste.

Ce qui nous ramène au moine du proverbe. Encore moins qu'en tout autre domaine l'habit ne suffit, à lui seul, à le faire. Il en va beaucoup plus que d'un habit pour accéder à l'unité de l'être que désigne le nom même de moine. Il en va de toute une vie. Et celui qui y est parvenu n'a guère besoin d'un habit particulier pour se signaler à ses contemporains. Sa seule présence irradie.

Et pourtant le vêtement du moine n'est pas, lui non plus, sans efficacité et sans signification. A sa prise d'habit, le postulant abandonne ses vêtements et avec eux toutes les références sociales qui lui étaient associées. Il renonce à la singularité de ses origines, il renonce à toute expression de sa spécificité, pour devenir semblable aux autres moines. Il ne désire plus que sa tenue raconte sa famille, son enfance, sa formation, son statut dans la société. Il se veut désormais anonyme parmi des moines anonymes. Mais, par cela même, il se rend différent de tous les autres citoyens qui continuent à porter les signes distinctifs de leur appartenance sociale. En renonçant à se distinguer comme eux, il se distingue radicalement d'eux. C'est son paradoxe. Sa robe annonce alors la couleur d'un être qui se propose de renoncer à l'avoir et au paraître, de renoncer à tout ce qui lui semble secondaire pour se consacrer à la quête de ce qui lui apparaît comme essentiel : la réalisation de l'être. Il n'échappe pas à la règle qui fait du vêtement le signe efficace de ce que l'on désire devenir. Sa prise d'habit *l'investit*, c'est-à-dire qu'elle le revêt des insignes de sa nouvelle vie.

En se laissant dépouiller de ses vêtements profanes, en se laissant raser le crâne (ou, dans d'autres traditions mais pour les mêmes raisons, en renonçant désormais à se couper les cheveux et la barbe), il accepte de mourir à l'être social qu'il était jusqu'alors, pour renaître à une autre vie. Dans sa démarche, beaucoup d'autres éléments entrent en ligne de compte mais il est significatif pour notre propos que l'élément qui est retenu par le langage pour signifier socialement cette initiation est précisément la « prise d'habit ». C'est dire l'importance que joue l'habit dans toute cette histoire !

Son habit ne lui est pourtant pas spécifique. Dans bien des cas il ne fait que reprendre la tenue vestimentaire des paysans de la région et de l'époque dans lesquelles son institution a vu le jour. Il n'apparaît différent que par anachronisme. Mais en l'occurrence l'anachronisme peut être un avantage, tant les mœurs occidentales contemporaines se sont ingéniées à créer des modes contraires à un mode de vie heureux. Qu'il s'agisse de ces carcans de cuir ou de plastique dans lesquels nous emprisonnons nos pieds, qu'il s'agisse de ces talons hauts qui imposent aux femmes une modification structurelle de leur verticalité, qu'il s'agisse de ces ceintures qui coupent le tronc de l'homme en deux et freinent le mouvement libre de son diaphragme, qu'il s'agisse encore des cols de chemise ou de chemisier qui enserrent le cou comme dans un collet et que vient parachever, pour l'homme, le *nœud* de cravate, dont le nom et la réalité révèlent cette préoccupation de tout nouer, de tout segmenter, de tout compartimenter. « L'homme occidental est un personnage ceinturé, dont l'accoutrement antiphysiologique évoque bien le combat qu'il mène contre lui-même. Un homme libéré habiterait son corps sans aucune entrave musculaire, ni donc vestimentaire[5]. »

Pour toi, si tu es libre du vêtement que tu peux porter, ce dont je suis en droit de douter, choisis de chausser des sandales à la mode des franciscains, et choisis pour t'habiller d'éviter tout ce qui, concrètement et symboliquement, te ceinture, te ligote, te corsète, t'étrangle, empêche ta peau de respirer et contrarie la bonne circulation en toi de l'air et de tous ces liquides qui contribuent de façon essentielle à ta vitalité. Tu ne te sentiras jamais mieux qu'en étant simplement toi-même.

Mais puisque la civilisation dans laquelle nous vivons t'impose, dans la plupart des circonstances, de porter des vêtements, demande-leur de t'exprimer aussi honnêtement que possible et de t'aider à devenir ce que tu désires être vraiment. Les vêtements sont au service de l'homme et non l'homme au service des vêtements.

Prends garde qu'ils ne te réduisent à n'être qu'un portemanteau[6] !

13.

Du bon usage des rites

Il peut nous arriver de penser que nous sommes suffisamment émancipés des modes traditionnels de vie pour vivre dégagés de tous rites. C'est manquer de lucidité sur nos comportements quotidiens. De notre lever à notre coucher nous n'arrêtons pas de reproduire des gestes et de prononcer des paroles qui constituent, dans leur registre, des rites sociaux. Ce sont eux qui régulent nos activités domestiques, qui conditionnent nos relations de bon voisinage, qui ordonnancent notre univers professionnel ou encore qui donnent un caractère festif à nos réceptions amicales. Nous n'avons pas à réinventer quotidiennement les rites de la vie en société. Ils sont bien établis. Nous n'avons pas à les repenser à chaque instant. Ils sont entrés dans nos automatismes et c'est parce qu'ils nous sont devenus comme une seconde nature qu'ils nous permettent, tout en les mettant en œuvre, de rester attentifs et présents à ce qui se passe réellement en nous et autour de nous.

L'apprentissage des rituels fait partie de l'apprentissage de la civilisation. Un homme et une femme civilisés sont un homme et une femme dûment ritualisés. Et cela, quelle que soit la civilisation à laquelle ils appartiennent. Les rites appartenant à sa propre civilisation sont à ce point intériorisés qu'ils ne sont plus perçus comme tels. Ils jouent d'autant mieux leur rôle que nous n'avons plus conscience de les poser. Par contre, notre curiosité est en état d'alerte dès que nous sommes confrontés aux rituels d'une autre civilisation. C'est ce qui constitue le charme de ce que nous considérons comme exotique. Mais nous ne devons pas oublier qu'en attendant la civilisation planétaire dans laquelle toutes nos différences seraient définitivement gommées (ce qui, à n'en pas douter, constituerait un *meilleur des mondes* aussi terrifiant que celui d'Aldous Huxley) nous sommes nous-mêmes exotiques pour quelques milliards d'hommes qui appartiennent à d'autres civilisations que la nôtre.

Les rituels ne se limitent cependant pas à réguler les aspects de notre vie sociale évoqués jusqu'ici. Ils se proposent aussi à notre démarche spirituelle comme un cadre institué, et nous ouvrent un chemin tout tracé dans notre quête de l'éveil de la conscience. Je ne connais ni religion, ni secte, ni société initiatique, qui n'impose ou tout au moins ne propose à ses adeptes un ensemble de rituels : pour marquer tout d'abord l'entrée du néophyte dans sa nouvelle famille spirituelle ; puis pour rythmer sa pratique au gré des jours, des semaines et des années ; pour marquer de façon solennelle, en quelques moments privilégiés, les étapes de sa progression ; pour célébrer enfin, à sa mort, son passage définitif à un autre niveau de conscience (fût-il celui du sommeil profond).

Une vision purement métaphysique de notre relation au réel ultime qui nous fonde laisse éventuellement la place à la méditation, du moins au sens oriental du terme. Elle laisse la place à la mise en œuvre de conditions qui favorisent, par la mise en sourdine de l'activité mentale, l'émergence de la simple conscience d'être. Par contre, elle ne semble guère appeler la mise en œuvre de rituels. Dans sa perspective, en effet, il s'agit avant tout de faire effraction, par la brèche de l'instant présent, sur un autre niveau de conscience. Il s'agit de quitter le registre du déploiement dans l'espace et le temps qui caractérise la quotidienneté de nos vies et qu'implique nécessairement le déroulement d'un rituel, pour émerger à un niveau de conscience qui se situe au-delà de l'espace et du temps.

L'éveil de la conscience semble donc réfractaire à l'idée même de rituel. En rester à cette première appréciation risquerait cependant de faire trop vite l'économie de la réalité de ce corps que nous sommes, de l'histoire dans laquelle nous sommes insérés et plus particulièrement du fait que nous ne sommes pas des individus atomisés mais que, y compris dans notre quête spirituelle, nous vivons dans un réseau touffu de relations avec la collectivité des hommes et des femmes à laquelle nous appartenons.

En tant que nous sommes ce corps, défini dans l'espace et le temps, même notre méditation la plus intériorisée n'échappe pas à un certain rituel, fût-il solitaire. Nous avons en effet besoin de nous dire pour être. Besoin d'exprimer corporellement ne serait-ce que ce vide que nous désirons creuser en nous-mêmes pour laisser émerger en nous la conscience d'exister. Pensons à l'agenouillement du moine chrétien ou encore à l'assise du bouddhiste zen. Parce que nous sommes humains, nous avons besoin de gestes, même pour exprimer notre relation à ce qui reste inouï, impalpable et invisible. *Per visibilia ad invisibilia*, dit la liturgie latine. C'est à travers les réalités visibles que nous nous frayons un chemin vers le niveau invisible du réel.

Par ailleurs, la recherche de notre accomplissement comme êtres humains n'est que l'aboutissement de toutes les autres dimensions de notre existence. Elle n'en est pas radicalement séparée. Il n'y a donc aucune raison particulière pour qu'elle, et elle seule, s'opère loin de toute expression collective. Il y a toutes les raisons au contraire pour qu'elle bénéficie, elle aussi, de la régularité, de l'encouragement et de l'entraînement qu'assure une pratique programmée et vécue en communauté. Elle est donc, elle aussi, comme tous les autres aspects de notre vie, tributaire pour une part de la mise en œuvre de rituels.

D'un rituel, nous sommes en droit d'exiger qu'il soit porteur d'un sens suffisamment explicite pour nous éclairer et d'une efficacité suffisante pour au moins en amorcer la réalisation existentielle. « Les rituels *disent* et *font* tout à la fois [1]. » Un rite ayant des ans subi l'irréparable outrage par une extrême atrophie de sa consistance matérielle, par la perte de toute référence culturelle clairement repérable[2] ou encore par une dérive de sa forme qui l'amène à signifier l'exact contraire de ce qu'il était censé signifier à l'origine, un tel rite, dans son opacité, n'a plus grande chance d'apporter une contribution significative au progrès spirituel de la communauté qui le célèbre.

Les trois gouttes d'eau sur le front du bébé que l'on baptise sont censées se substituer à la triple immersion totale du corps, y compris la tête, dans les eaux du fleuve. Elles n'en sont plus qu'un témoin.

Au XVIIIe siècle, époque de la création de la franc-maçonnerie moderne, l'épée était réservée à une catégorie sociale très limitée. Elle était le privilège des nobles et des chevaliers. La distribuer à tous, indépendamment de l'appartenance sociale de chacun, était alors révolutionnaire et symbolisait de façon très explicite une quête impatiente de l'égalité de tous les citoyens et de leur fraternité[3]... Mais ce symbole peut-il encore être compris aujourd'hui sans une sérieuse explication de texte ?

Quant à la *table de communion*, censée rassembler autour du repas frères et sœurs d'une même famille spirituelle, elle était devenue, dans les églises postérieures au concile de Trente, une véritable barrière, séparant de façon absolument infranchissable les simples fidèles des membres de la hiérarchie et de leurs serviteurs. Par dérives successives on en était arrivé à transformer un signe majeur d'union en signe de radicale séparation.

Tous les rites qui nous sont proposés doivent être porteurs d'un sens perceptible, sous peine de n'être plus que des coquilles vides ou les supports d'élucubrations hasardeuses sur des significations qui, pour être cachées, n'en acquièrent pas pour autant une authentique valeur ésotérique. Car le propre de l'ésotérisme n'est pas d'être bizarre, compliqué, tiré par les cheveux, inaccessible au sens commun. Le propre de l'ésotérisme, selon son étymologie, est de nous faire entrer dans l'intelligence du *dedans* des choses (*eso* désigne l'intérieur par opposition à *exo* qui désigne tout ce qui est *extérieur*).

Le rite ne peut cependant pas se contenter d'être signifiant. Il doit aussi être efficace. Un rite d'initiation, par exemple, doit être symbolique d'une certaine forme de mort pour permettre à l'impétrant d'expérimenter une certaine renaissance[4]. Mort et renaissance qui, à leur tour, sont symboliques de morts et de renaissances plus profondes. « *Mort et résurrection* sont deux moments solidaires d'un grandiose processus cosmique : le renouvellement indéfini de la vie universelle[5]. » Ainsi, les significations s'emboîtent comme des poupées russes. Mais le rite doit amorcer efficacement le processus. Il doit être suffisamment puissant sur les plans corporel, psychologique, esthétique et intellectuel pour ébranler celui qui le vit dans tout son être, l'éveiller à une autre perception des choses, d'ordre spirituel, et, à travers cette expérience unique, l'introduire dans l'intelligence du mystère de sa naissance, de sa vie et de sa mort.

Un rite de communion doit amorcer efficacement la communion fraternelle entre ceux qui le célèbrent. Loin de plonger les participants dans une introspection qui leur fait baisser du nez, fermer les yeux et se recroqueviller sur leurs mains jointes, il doit au contraire les ouvrir les uns aux autres, les relier les uns aux autres, afin de prophétiser concrètement l'utopie d'un monde réellement fraternel.

Un rite d'intériorisation doit créer un climat favorable à un changement de registre de la conscience. Il doit nous faire quitter le lieu de nos préoccupations quotidiennes. Nous faire passer de cette aire profane où se déroule notre vie habituelle à un espace protégé qui ne devient sacré que parce que nous en faisons le lieu privilégié de notre quête de l'essentiel. Nous laissons nos soucis sur son seuil. Nous y laissons nos peurs, nos jalousies, nos ambitions, tout ce qui, nous faisant vivre ailleurs et dans un autre temps, peut perturber l'émergence en nous de la conscience d'être, ici et maintenant, présents. Il nous introduit dans un silence extérieur qui n'a de sens que s'il appelle et favorise notre silence intérieur. Il nous demande de contrôler notre marche, notre posture, nous demandant ainsi d'être présents au corps que nous sommes. Il nous propose éventuellement de respirer, de souffler, de vibrer, de chanter, et la vibration ou le chant créent en nous un nouvel espace d'attention, de communication et de conscience. Le rituel d'intériorisation doit amorcer une spirale en chacun de ceux qui y participent. Certains la vivront comme une spirale descendant au plus profond de leur être, dans ce qu'il a de plus individué. D'autres comme une spirale les entraînant jusqu'au sommet de la conscience, jusqu'à la « fine pointe de l'âme », pour parler comme les spirituels d'autrefois. Dans les deux cas, il s'agit de transcender la pure horizontalité de nos relations humaines.

Si l'on s'en tient au témoignage des évangélistes, Jésus semble avoir eu une attitude très originale à l'égard des rites. Contrairement à ce que les théologiens ont prétendu par la suite, surtout au Moyen Age, il ne semble pas s'être préoccupé d'instaurer de nouveaux rites. On peut percevoir, à ce trait, le peu de souci qu'il avait de créer une nouvelle religion. Le baptême était pratiqué par certaines sectes en vogue et les Evangiles nous racontent comment Jésus se soumet lui-même à ce rite que lui administre Jean le Baptiste. La cène qui deviendra par la suite l'eucharistie chrétienne est solidement enracinée dans la tradition juive et Jésus ne fait que s'y conformer. Le lavement des pieds faisait partie des rites de l'hospitalité à son époque. Jésus ne fait preuve d'aucune originalité en la matière. Il se contente de pratiquer, dans sa vie domestique comme au temple, les rites de son peuple.

Il n'invente pas de rites, mais en appelle à l'esprit dans lequel ils doivent être célébrés. Pour lui la lettre tue, seul l'esprit vivifie. Il n'exige pas de longs pèlerinages pour aller adorer Dieu sur telle ou telle colline, car, pour lui, ce qui compte c'est de l'adorer en esprit et en vérité. Il ne se préoccupe pas d'inventer une nouvelle religion mais bien de renouveler toute religion de l'intérieur, à commencer par celle de son peuple, en lui insufflant un esprit. Ce contre quoi il lutte, ce n'est pas contre tel ou tel rite, mais contre le formalisme avec lequel certains de ses contemporains le pratiquent. Contre la routine qui ne garde du rite que l'écorce, toute sève ayant disparu. Contre l'hypocrisie qu'il attribue aux pharisiens et qui consiste à s'enorgueillir de rites accomplis selon toutes les règles de l'art sans se préoccuper de l'efficacité transformatrice qu'ils devraient exercer sur leur vie. Ce ne sont en effet pas ceux qui crient « Seigneur ! Seigneur ! » qui entreront au Royaume des cieux mais ceux dont la vie est transfigurée par la prise de conscience du réel qui les habite. Ce sont ceux qui agissent. Tels sont en effet les propos qu'on lui prête.

A les prendre à la lettre, jamais le christianisme n'aurait dû naître en tant que religion spécifique. L'esprit évangélique, à l'origine, ne le revendique nullement. Il est bien plutôt en quête d'une religion à vivifier. Il lui suffisait de renouveler de l'intérieur les religions existantes, par le souffle de son esprit. En s'identifiant, au cours des siècles, avec un ensemble de rites auxquels il a conféré un sens historiquement connoté, il a doublement perdu la partie. D'une part, en s'enlisant dans une religion parmi tant d'autres, au lieu d'être le ferment qui les travaille toutes de l'intérieur. D'autre part, en vidant de leur contenu anthropologique des rites qui ne sont plus censés avoir d'efficacité qu'en vertu d'une intervention surnaturelle de Dieu et qui, de ce fait, deviennent purement et simplement insensés pour tous ceux qui n'adhèrent pas à cette vision particulière du réel ultime.

Aujourd'hui, du moins en Occident, la question se pose en des termes relativement nouveaux. Nous n'avons pas seulement, comme toutes les générations qui nous ont précédés, à nous ouvrir à la puissance de l'esprit. Nous avons aussi à réinventer (au double sens de re-créer et de re-trouver) des rites porteurs de sens et d'efficacité. En nous replongeant aux sources de la tradition, comme à celles encore plus profondes de l'intuition créatrice.

En effet, la plupart des rites que nous ont transmis les générations précédentes se sont dénaturés et dévitalisés sous le poids de l'idéologie dont, au cours des siècles, le christianisme officiel les a chargés[6]. Nous pouvons certes, à partir du bain, retrouver le sens anthropologique du baptême, en le délestant de toute référence au péché originel et à la rédemption par la mort de Jésus sur la croix. Nous pouvons aussi retrouver le sens symbolique du repas partagé en procédant à la même décantation des significations qui lui ont été surimposées. Mais cela revient en fait à un travail de réappropriation des bases naturelles qui sont sous-jacentes à la pratique rituelle qui nous a été transmise dans l'interprétation que le christianisme a élaborée et figée au cours de son histoire. C'est, sous le christianisme historique, retrouver en quelque sorte les bonnes vieilles traditions du paganisme qu'il a, en partie, assumées[7].

Le christianisme naissant, tout en adoptant et en baptisant bon nombre de ses pratiques, a fait du paganisme une sorte de bouc émissaire à détruire à tout prix. Il reste des traces de ce parti pris dans notre façon d'en parler encore aujourd'hui. Et pourtant, le mot vient de *paganus*, le paysan, celui qui est proche du pays, proche de la nature. Il n'y a rien là qui puisse nous faire fuir. Bien au contraire, l'attrait qu'exerce aujourd'hui le chamanisme, sous toutes ses formes, indique, s'il en était besoin, que nous aspirons à un retour aux sources. Que nous aspirons à entrer dans l'intelligence du monde qui nous entoure. A y trouver notre juste place. Que les rites qui sont les plus faciles à partager ne sont pas ceux qui se réfèrent à des événements historiques qui ne concernent nécessairement qu'une partie de l'humanité, mais bien ceux qui célèbrent les aspects de la vie que nous avons en commun avec tous. Ceux en particulier qui célèbrent notre appartenance à l'univers et notre fraternité humaine. Ceux qui nous font entrer dans l'épaisseur de la vie et de la mort. Ceux qui nous réveillent de notre torpeur et nous ouvrent au champ illimité de la conscience.

Du coup, après deux millénaires de christianisme, nous, Occidentaux, sommes comme privés de rites qui nous exprimeraient dans notre rapport à nous-mêmes, aux autres et au monde. Nous appartenons en quelque sorte au « cercle de la tradition perdue ». Nous nous retrouvons comme privés de corps pour exprimer notre démarche spirituelle. Si nous devons réapprendre à respirer, à marcher, à danser, à tenir debout, à jeûner et à déjeuner, à parler, à chanter et à nous taire, nous devons aussi réapprendre ensemble à célébrer dans des rites notre émerveillement d'exister, et d'être là, consciences éveillées, emportées dans la ronde de l'univers.

Je rêve de nous voir tous ensemble réinventer de grandes liturgies pour les quatre temps de l'année. Il y aurait la liturgie de la pierre, de l'arbre, de nos frères les animaux et celle de l'homme vivant ; la liturgie de la terre, de l'eau, de l'air, du feu ; celle du matin, du midi, du soir et de la nuit, c'est-à-dire celle du soleil levant, du zénith, du soleil couchant et du nadir ; la liturgie des nouvelles lunes et des pleines lunes ; des solstices et des équinoxes, du printemps, de l'été, de l'automne et de l'hiver ; la liturgie de la naissance, de l'adolescence, de la maturité et de la mort ; la liturgie des gestes quotidiens et celle des moments exceptionnels.

Tout, dans notre vie, peut redevenir une fête qui se célèbre, soit dans la solitude, soit dans l'intimité de la cellule domestique, ou encore dans la solennité du rassemblement de tous ceux qui partagent le même esprit.

14.

Du bon usage de la conscience

S'il fallait résumer d'un seul trait tous les chapitres de ce livre, sans doute faudrait-il affirmer qu'ils traitent, sous différents aspects, du *bon usage de la conscience*, car tous les sujets abordés jusqu'ici l'ont été sous l'angle de leur contribution éventuelle à son éveil. Comment pouvons-nous entraîner le minéral, le végétal, l'animal en nous à devenir le support de plus en plus subtil, de plus en plus efficace, d'une conscience elle-même de plus en plus avivée ? Comment pouvons-nous jouer de la dynamique de notre vie proprement humaine pour la rendre toujours plus singulière et toujours plus universelle ? Toujours davantage porteuse de sens, c'est-à-dire de conscience ? Ces questions n'ont cessé de revenir au fil des pages.

Mais de quelle conscience s'agit-il ? Le mot, dans notre langue, possède plusieurs acceptions. On l'utilise par exemple pour désigner le sens moral qui guide notre action. On parle alors de « conscience morale ». Il va de soi que ce n'est pas dans ce sens, qui pour être courant n'en est pas moins particulier, que j'ai entendu le mot tout au long de ce livre. Non que la conscience morale ne soit un véritable sujet en soi. Mais c'est un tout autre problème [1].

La perception morale que nous avons de notre devoir est très dépendante de la civilisation, de la période historique et du contexte culturel dans lesquels nous vivons. Il n'y a pas dans ce domaine de vérité objective, immuable et universelle. L'homme à la recherche de son accomplissement spirituel n'est nullement exempté des obligations de la vie morale qui incombent à tout homme. Il y est même rendu encore plus sensible. Mais cette sensibilité lui vient par surcroît. Elle n'est pas son obsession. Sa préoccupation première n'est pas d'être moralement correct mais d'être pleinement éveillé.

Si saint Augustin a pu dire avec pertinence : « Aime et fais ce que tu veux », nous pouvons, sans grand risque de nous tromper, adopter à notre tour la devise : « Eveille ta conscience et fais ce que tu veux. » Celui qui accède à la plénitude de son être ne risque guère d'enfreindre les impératifs de sa conscience morale. Il se trouvera peut-être en conflit avec les règles de la moralité publique de la société et de l'époque dans lesquelles il vit. Cela fait partie de la dynamique évolutive que connaissent toutes les sociétés dans leur élucidation de ce qui est moralement bon. Elle ne s'opère jamais sans conflits avec des personnalités « hors normes » qui les obligent, pour le plus grand bien de l'humanité, à remettre en question les normes établies et les entraînent là où elles ne voudraient sans doute pas aller.

Ce n'est donc pas de la conscience dans le sens moral du terme qu'il a été question ici. Aucun des conseils que je me suis permis d'égrener au fil des pages n'a de valeur morale au sens strict du terme. Ils n'ont aucune prétention à dire le bien et à dénoncer le mal. Ils ne s'imposent nullement comme de nouvelles tables de la Loi. Ils ne se proposent qu'à celles et ceux qui en perçoivent la pertinence, choisissent librement d'en tirer quelque enseignement pour leur vie personnelle et se disent qu'ils ont ainsi quelques chances de vivre plus heureux. De vivre plus humains. De vivre plus spirituels.

La conscience dont il a été question ici est la perception réfléchie que nous avons d'exister, la conscience que nous avons d'être présents, attentifs à tout ce qui est.

Par rapport à l'exigence qu'implique cette présence consciente à nous-mêmes, tous les prétextes nous sont bons pour nous divertir, nous occuper à autre chose, nous préoccuper : le regret du passé, sous forme d'amertume ou de nostalgie ; le souci du futur, sous forme de crainte ou d'excitation ; l'intérêt pour ce qui se passe ailleurs, pour ce qui concerne les autres, pour ce qui pourrait éventuellement nous concerner dans un avenir incertain. La pré-occupation, comme son nom l'indique, occupe le terrain d'avance, pour être bien sûre que nous n'ayons aucune chance de nous occuper de l'essentiel. Elle a la tâche facile, tant nous sommes avides de tout ce qui peut nous distraire, c'est-à-dire nous tirer à distance, mentalement, du lieu où nous sommes et de l'instant qui nous est donné à vivre. Combien d'instants passons-nous, dans une journée, vraiment présents à ce que nous vivons ?

Par rapport à cette course effrénée hors de moi-même, qui m'entraîne dans sa spirale, il me faut commencer par reprendre pied dans la réalité. Reprendre contact avec le réel qui m'entoure. Le sol que je foule aux pieds. L'air que je respire. Le bruit que j'entends. L'univers qui m'entoure. Il me faut avoir les pieds sur terre pour éviter que mon effervescence cérébrale ne m'entraîne loin, très loin, de ce que je suis en train de vivre.

C'est le travail de déblayage qui revient à la méditation.

Non pas au sens où le mot est généralement employé en Occident. Méditer, dans la tradition chétienne, implique d'appliquer sa réflexion aux différents mystères que propose l'histoire du salut à celui qui désire en devenir partie prenante. Il médite alors sur certains épisodes de la Bible, sur les temps forts de la vie de Jésus, ou encore sur celles de ses paroles que les Evangiles nous ont rapportées, ou sur tout autre contenu dogmatique qui s'impose à lui comme expression de sa foi. La méditation, dans ce sens, est une sorte d'occupation systématique des facultés mentales qui met en œuvre tant son imagination que ses capacités discursives, une sorte de distraction appliquée et organisée, souvent très sérieuse, avec sa dose volontariste de conclusions moralisatrices qui doivent orienter par la suite la vie de celui qui s'y adonne. A cette conception relativement récente de la méditation, les moines chrétiens opposaient la contemplation.

Celle-ci se rapproche davantage de la méditation au sens où je l'entends ici et qui est avant tout arrêt de toute ratiocination, de tout discours articulé, de tout enchaînement d'images, pour laisser émerger, en soi, la simple perception du fait d'exister.

Pour cela, je dois commencer par me concentrer, c'est-à-dire par retrouver mon centre, donc mon ventre[2], ce que la tradition japonaise appelle le *hara*[3], et la tradition chinoise, la mer d'énergie.

Je m'enracine dans le sol qui me porte.
Je sens la verticalité s'ériger en moi.
Un fil invisible tire le sommet de mon crâne vers le ciel.
Je m'étire de la terre au ciel.
La paix intérieure s'installe en moi.
Ma respiration se ralentit.
Elle devient régulière.
Les tensions qui me nouent se relâchent.
L'énergie bloquée reprend son cours.
Je ne me préoccupe plus de ce que fut hier.
Je laisse les morts enterrer les morts.
Je ne me soucie plus de savoir de quoi demain sera fait.
Chaque chose viendra en son temps.
Pour le moment, je suis ici, présent.
Une béance s'ouvre en moi.
Un appel à être qui ne s'exprime pas par des mots.
Un vide intérieur qui en appelle à la plénitude.

Un vide qui est une forme de plein.
Un néant qui est l'autre face de l'infini.
Dans l'instant, je suis.

Mon immobilité, loin d'être une absence d'action, est un sommet de ma présence au monde. Mon silence, loin d'être un mutisme, exprime mon attention au réel qui me soutient dans l'être. L'absence de contenu de ma conscience, qui n'est conscience ni de ceci ni de cela, n'est pas un en-deçà de la pensée, mais un au-delà. Elle est conscience à l'état pur. Antenne ouverte à la conscience éveillée du monde. Au lieu de continuer à parasiter les ondes avec mon agitation mentale, je suis devenu récepteur.

C'est comme si j'accédais à un quatrième état de conscience. Dans la vie ordinaire, je fais l'expérience de ma conscience sous trois formes : à l'état d'éveil, dans le rêve et dans le sommeil profond. Et voici que s'ouvre en moi une nouvelle plage d'existence. Comme si je parvenais à lire une quatrième bande de conscience, sur laquelle je n'existe plus en tant que « je » anecdotique, mais sur laquelle « je » reste pourtant en état d'alerte. Un peu comme si je sombrais dans le sommeil profond, au cours duquel « je » disparais, tout en restant éveillé. Comme si je plongeais non dans l'oubli, mais vers un autre niveau de profondeur du réel. Comme s'il m'était donné d'en percevoir l'essentiel [4].

A vrai dire, nous ne savons pas bien en quoi consiste notre conscience. Nous savons qu'elle est liée à l'activité à la fois physiologique et chimique de notre cerveau. Que celui-ci vienne à se dégrader et se dégradent aussitôt les conditions d'exercice de notre conscience. Mais nous ignorons quels sont les liens exacts qui rattachent l'une à l'autre l'activité cérébrale et l'émergence de la conscience proprement dite. C'est l'un des thèmes forts de la recherche contemporaine. Plusieurs écoles proposent leurs modèles d'interprétation sans qu'aucune s'impose encore au consensus de la communauté scientifique. Les prochaines années verront sans aucun doute s'intensifier les recherches dans ce domaine qui constitue toujours l'un des grands mystères de notre existence humaine. Notre compréhension du réel en sera peut-être bouleversée, car le réel tel que nous le connaissons est avant tout le réel tel que notre cerveau en prend conscience et l'interprète.

On peut, sans trop risquer de se tromper, pronostiquer que les prochaines décennies seront celles de la conscience. Par les recherches scientifiques poursuivies. Par l'influence croissante du bouddhisme sur les modes de vie occidentaux (Bouddha, faut-il le rappeler, veut dire l'*éveillé*). Par la perception de plus en plus partagée que l'éveil de la conscience et son accès à des niveaux de plus en plus subtils sont la grande affaire de l'homme et de l'humanité. Que l'aventure de l'homme et de l'humanité est avant tout l'aventure de la conscience. Nous qui grouillons par milliards sur l'écorce terrestre, nous contribuons, à la manière d'une levure, à la fermentation de la conscience à l'échelle planétaire comme à celle du système solaire.

Devenir une conscience éveillée confère de la

puissance à la pensée. C'est le fondement de la prière sous toutes les formes qu'elle a pu revêtir à travers le monde, au cours des siècles. Peu importent les rites dans lesquels elle se coule, les gestes qu'elle inspire, les mots qu'elle emploie, les formes qu'elle peut assumer. La prière possède son efficacité propre si elle est l'expression d'une conscience en état d'alerte. La tradition hébraïque, reprise par la tradition chrétienne, affirme que l'homme a été créé à l'image de Dieu. Pour moi, ce n'est évidemment qu'une façon de parler car je n'imagine le « réel ultime » ni à l'image d'un potier ni à celle d'un horloger, mais je pense que cette expression métaphorique prend tout son sens au niveau de la conscience. Si le « réel ultime » est la conscience éveillée du monde, alors c'est aux rares instants où il accède au plein exercice de sa conscience que l'homme présente la plus grande similitude avec ce réel qui lui échappe. Et si le thème de la création est interprété comme le fait, pour nous et pour tous les phénomènes que nous connaissons, d'être les émanations et les expressions de cette conscience primordiale, alors nous devenons de véritables créateurs, à notre tour et à notre échelle, lorsque, par notre conscience, nous participons à sa puissance créatrice. Par la puissance de notre pensée.

Je pense et cela est.

Du moins si ma pensée s'enracine dans les profondeurs de l'être.

Il ne suffit évidemment pas de dire « Seigneur ! Seigneur ! » pour y parvenir, ni de pratiquer la méthode Coué. Les mots n'y suffisent pas. C'est une question d'être.

15.

Du bon usage de la souffrance et de la mort [1]

Irénée, qui était évêque de Lyon au IIe siècle de notre ère, disait que « la gloire de Dieu, c'est que l'homme vive ». La vie n'est sans doute pas la valeur suprême qui ordonne toutes les autres, en tous temps et en tous lieux. Dans certaines circonstances chacun d'entre nous peut être amené, en effet, à donner sa vie pour ceux qu'il aime. L'amour d'autrui peut l'emporter sur l'amour de sa propre vie. Mais c'est encore par amour de la vie, en l'occurrence celle de l'autre ou des autres. Même dans ces cas extrêmes, la vie, sa qualité, son développement, sa plénitude chez les vivants restent l'objectif que nous devons nous fixer et le premier des critères qui nous permettent de discerner ce qui est bon pour nous de ce qui l'est moins. La joie de vivre et son partage avec les autres est, en elle-même, une des finalités de la vie.

Just to live is a blessing
(Le seul fait de vivre est une bénédiction) [2].

La joie de vivre est une raison suffisante de vivre. Elle vaut pour elle-même. Elle n'a de compte à rendre à rien d'autre ni à personne. Du moins si elle n'est pas acquise au prix de la souffrance ou du mépris d'autrui. Car une joie n'est parfaite que lorsqu'elle est partagée. Sa plénitude est limitée par la souffrance du prochain. Et le prochain aujourd'hui, en fonction du court-circuit de l'espace et du temps que provoquent les techniques contemporaines de communication, c'est tout être qui vit sur cette planète, de plus en plus réduite à n'être qu'un village planétaire. Tout homme, toute femme, tout vieillard, tout enfant. Je dirais même tout animal que l'homme fait souffrir pour son seul plaisir ou son seul profit.

Si nous savions nous arracher à la délectation morbide de la souffrance intérieure, au ressassement de ce qui a été, de ce qui aurait pu être mais n'est pas advenu, au souci de ce qui risque d'arriver ou au contraire de ne pas arriver ; si nous savions nous arracher à la fièvre de l'ambition, à la morsure de l'envie et de la jalousie qui nous empêchent de nous « contenter » de notre propre vie, à l'agitation du complot et de la vengeance, à la putréfaction de la haine et de la malveillance ; si nous savions surtout nous libérer de toutes les peurs qui nous habitent et rongent sournoisement notre joie de vivre, alors notre existence ne serait plus que jubilation. Continuelle action de grâce. Notre santé elle-même serait libérée de bien des maux. Notre énergie cesserait d'être entravée par la mémoire imprimée dans notre corps des souffrances et tensions passées. Nos existences seraient tout entières dédiées à la splendeur de la vie.

Splendeur de l'énergie !
Splendeur de la vitalité !
Splendeur de la sérénité !
Splendeur de la liberté !
Splendeur de la joie partagée !
Splendeur de l'amour !
Splendeur de la fécondité !
Splendeur de la créativité !
Splendeur de la conscience !
Splendeur de la vie sur terre !
Splendeur de l'humanité !

Mais, me diras-tu, comment concilier cette vision éblouissante de la vie avec les témoignages, quotidiennement répétés à la une de nos journaux, écrits, parlés ou télévisés, du fait que la vie sur terre correspond bien davantage à la « vallée de larmes » que nous décrit la tradition chrétienne et qui a constitué le fonds de commerce des Eglises pendant deux millénaires ?

Il n'est pas question pour moi de nier l'existence de la souffrance dans le monde. Mais il n'est pas question non plus de l'exalter ni d'en faire la valeur dominante par rapport à laquelle toutes les autres devraient s'ordonner. Ce que nous avons à viser comme l'une de nos finalités, c'est la joie de vivre. Non le mérite de souffrir. Ce que nous devons propager, c'est la joie. Ce contre quoi nous devons lutter, c'est la souffrance, qu'elle soit physique ou morale, individuelle ou collective.

Nous devons commencer par la déraciner en nous, dans toute la mesure où nous la sécrétons nous-mêmes ou bien, quand elle est infligée par d'autres et que nous prenons un malin plaisir à l'amplifier en lui offrant une vaste chambre d'écho. N'acceptons de souffrir que de la souffrance qui est inéluctable. De celle sur laquelle nous n'avons d'autre prise que de la métamorphoser en épreuve dont nous sortions aguerris et grandis.

Le bon usage de la souffrance est de commencer par en découvrir le sens pour soi, d'en identifier les racines cachées, puis de la combattre par un travail intérieur sur soi-même qui dissipe tout ce qu'il y a en elle d'illusion. Lorsqu'elle s'impose malgré tout, le bon usage est alors de l'utiliser en instrument de sa propre transformation.

Le bon usage de la souffrance est de la combattre dans le monde, de conjuguer tous nos efforts pour en tarir les sources, apparemment inépuisables, que sont la volonté de puissance, le désir d'accaparement des ressources, le plaisir sadique de la violence ou encore la conviction irrationnelle de détenir la vérité, qu'elle soit religieuse, philosophique ou politique, et la volonté de l'imposer aux autres. Ce travail d'évolution de la conscience à l'échelle de l'humanité peut paraître une tâche sans fin, mais cela ne doit jamais nous faire oublier que sa finalité est que l'homme vive, et que son moteur est avant tout le partage de la joie d'exister.

Avant d'agir, dans quelque domaine que ce soit, interrogeons-nous pour savoir si ce que nous entreprenons va contribuer à l'épanouissement réel de notre vie et de celle des autres ou si, au contraire, directement ou indirectement, notre action ne sera pas facteur de mort. Interrogeons-nous pour savoir si ce que nous entreprenons contribuera à l'éveil de la conscience ou si, au contraire, notre choix ne sera pas facteur d'assoupissement et d'anesthésie générale. Interrogeons-nous pour savoir si ce que nous entreprenons nous enferme dans une vision binaire du monde, en noir et blanc, ou si, au contraire, elle nous ouvre sur l'infinie variété des couleurs et des êtres vivants. La vie est notre principal critère de discernement.

Mais la vie est soumise à la règle du temps. Nous avons beau accélérer tous les processus pour pouvoir accomplir un maximum d'actions dans un minimum de temps, nous restons soumis au déroulement inéluctable du temps. Tous les efforts des scientifiques, des techniciens et des ingénieurs pour nous en émanciper définitivement restent vains. Nous naissons, nous grandissons, nous vieillissons et, un jour, nous rencontrons la mort. Notre espérance de vie s'allonge de décennie en décennie, mais à terme nous sommes toujours affrontés à la mort. Que reste-t-il alors, au-delà du souvenir que nous laissons dans la mémoire de nos contemporains et, éventuellement, de la postérité, de ce que nous avons vécu ?

Nous avons tous tendance à poser la question en termes *d'après*. « Que se passe-t-il *après* la mort ? »

La question ne manque pas de pertinence pour ceux qui restent, pour ceux qui survivent. Ils poursuivent leur course dans le temps et se demandent légitimement quelle relation peut se poursuivre avec celui ou celle qui vient de disparaître. La mort d'un homme n'empêche pas la Terre de tourner. Les survivants poursuivent leur histoire dans le temps et connaissent un *après* sur la nature relationnelle duquel ils ne peuvent que s'interroger. Quelle relation peuvent-ils continuer à entretenir avec le ou les disparus ?

Mais l'autre terme de la relation l'être regretté, connaît-il, lui aussi, un *après ?* Continue-t-il, sous une forme ou sous une autre, à être soumis au déroulement du temps ? Se survit-il, dans un état de conscience qui accompagnerait notre vie sur terre, dans une sorte d'univers parallèle à notre espace et à notre temps ? Avouons que nous ne pouvons nous empêcher, à chaque deuil, de nous poser la question en ces termes ou en des termes approchants, même si nous sommes conscients du peu de pertinence de cet *après* sur lequel nous nous interrogeons. Que celui qui ne se l'est jamais posée nous jette la première pierre ! Nul ne peut nous le reprocher. Mais nul non plus ne peut répondre avec certitude à notre interrogation. Nul ne peut, à vrai dire, nous assurer que notre question fait du sens, si ce n'est de notre point de vue. Nous ignorons en effet, de façon radicale, l'éventuel point de vue de l'être disparu.

Cette constatation nous invite à changer notre angle d'attaque et, par suite, notre manière même de poser la question. Si elle ne se pose pas en termes d'*après*, en quels termes pouvons-nous la poser ? Quand j'en arrive à ce point de ma réflexion, je suis tenté pour ma part de revenir à ma vision métaphysique des êtres et des choses.

Je ne me crois pas capable de me poser moi-même dans l'existence. Je ne me crois pas ma propre source d'existence. Je ne crois pas qu'en cet instant où j'écris ces lignes je puise en moi-même l'être et le mouvement. J'ignore, en tant qu'être, ce que je suis réellement. Comme j'ignore la nature ultime du réel de tout ce qui m'entoure. Mais je suis convaincu que pour exister comme phénomène, parmi les phénomènes de ce monde, j'ai besoin, comme eux tous, de puiser l'être dans le réel ultime qui me fonde comme il fonde tout ce qui existe en ce monde.

De ce réel ultime (que je résiste à appeler Dieu pour éviter de projeter sur lui tous les fantasmes d'une personne à la manière humaine), je ne sais rien. Mais si j'ignore de quoi il est fait, je n'ignore pas la relation qui me relie à lui et qui me fait exister. Cette relation est nécessairement de tous les instants, sinon je cesserais d'exister. L'instant que je vis en ce moment est donc « co-actuel » à ce réel qui me fonde. Mais tous les instants que j'ai vécus depuis ma naissance et tous les instants que je vivrai jusqu'à ma mort sont, eux aussi, nécessairement « co-actuels » à ce réel ultime qui les fonde. Ils sont co-actuels à ce « hors-temps » qui ne connaît ni d'avant ni d'après. Ils sont co-actuels à cet éternel dont la plénitude transcende la catégorie du temps et que nous ne pouvons donc penser que sous la forme d'un instant. D'un éternel instant.

Chaque instant qui passe ne passe que du point de vue de la conscience éphémère que nous avons des êtres et des choses. C'est son *recto*, celui que nous vivons quotidiennement et que nous donnons à voir à l'extérieur. Mais il possède un *verso*, un dedans, par lequel il est coactuel à l'instant éternel qui le fonde. C'est la condition même de son existence.

Ainsi, l'éternité est le *dedans* de nous, le *dedans* du temps.

Chaque instant que nous vivons est éphémère au niveau de la conscience que nous en avons. Il est éternel au niveau de la conscience que le réel ultime en a. Chaque instant s'inscrit donc, de manière indélébile, dans la conscience éveillée du monde. Chaque instant est de l'information que nous inscrivons dans la mémoire éternelle du monde.

Le bon usage de la vie, c'est donc avant tout le bon usage du temps. C'est vivre chaque instant comme un instant unique. C'est vivre chaque instant comme un instant d'éternité. Car chacun de nos instants nous survit dans la conscience éveillée du monde. Aucun ne peut en être effacé. De chacun, nous pouvons dire : « Ce qui est écrit est écrit. » Pour l'éternité[3]. Extraordinaire responsabilité !

Ce versant éternel de nos vie existe, que nous en ayons conscience ou non. Cela ne vaut pas que pour nous, mais pour tout ce qui apparaît dans l'univers, à un moment ou à un autre, même fugitivement, ne serait-ce qu'une infime fraction de seconde. Le privilège de l'homme, c'est de pouvoir le vivre en toute conscience. Et la finalité du travail spirituel, c'est de transmuter consciemment chaque instant fugitif en instant d'éternité. Telle est l'œuvre alchimique à laquelle nous sommes conviés.

Je ne sais pas si ma mort sera, à l'image de mon sommeil, un changement d'état de conscience. Un changement de registre. Une forme de naissance. Une renaissance. Dois-je l'avouer ? Je ne me torture pas l'esprit à son sujet. Je l'attends en toute confiance. C'est-à-dire avec foi. (Les deux mots ont la même racine.) Par contre, l'éternité de ma vie qui me préoccupe est celle que je tisse au jour le jour, d'heure en heure, d'instant en instant. Celle qui n'est autre que le versant intérieur de mon existence. Son versant ésotérique (au sens étymologique du terme). Celui que seul le regard intérieur peut connaître.

Quand viendra l'heure de ma mort, le bon usage que j'aurai fait de ma vie doit m'amener à prononcer dans mon for intérieur la prière des spirituels de toutes les traditions et de tous les temps. Jésus lui a donné une forme personnalisée qui résonne encore dans nos mémoires : « Que ta volonté soit faite et non la mienne ! » Peu importe, ici encore, les mots que l'on utilise, les représentations mentales que l'on se donne, si au fond de nous s'opère dans la plus grande paix une adhésion à un ordre qui nous dépasse, à une réalité qui nous déborde de tout côté, à un réel ultime auquel nous nous abandonnons et auquel, en dernier ressort, nous n'avons cessé d'accorder notre confiance.

Le bon usage de la vie, c'est ainsi le bon usage de

l'obéissance, non à des institutions, non à la volonté de puissance des hommes, mais tout simplement à la vie et aux exigences de la conscience. Cette obéissance-là n'est pas le contraire de la liberté intérieure. Elle en est bien plutôt le fondement. Lorsqu'en nous rien ne se crispe plus sur lui-même, lorsque rien ne polarise plus la lumière pour la dévier de sa course, lorsque nous ne sommes plus qu'ouverture à l'être, à la conscience et à la vie, alors nous sommes prêts pour le grand passage dont nous savons plus ou moins bien d'où il part, mais dont nous ignorons où il nous conduit.

16.

Du bon usage de l'avenir

Ami lecteur, amie lectrice, peut-être seras-tu surpris en arrivant au dernier chapitre de ce livre de n'avoir vu qu'évoqués, voire totalement ignorés, certains sujets qui te semblent essentiels pour la conduite de ta vie. Je ne pouvais prétendre à l'exhaustivité. La vie possède tant de facettes qu'il m'aurait été impossible, dans le cadre du travail solitaire que je m'étais fixé, de toutes les aborder. Je me suis donc limité à celles sur lesquelles je pouvais, à partir de mon expérience personnelle, projeter un faisceau de lumière susceptible de les faire miroiter sinon de façon toujours originale, du moins de façon à provoquer la réflexion d'un homme ou d'une femme de notre aire culturelle et de notre temps.

Notre époque souffre d'une perte de repères.

Les sciences (car on ne peut plus dire *la* science comme au siècle dernier) ne progressent plus de certitudes en certitudes, comme au temps du positivisme. Elles avancent désormais d'interrogation en interrogation, jusqu'à atteindre des interrogations vertigineuses.

Les religions qui ont dominé l'Occident au cours des derniers siècles ont perdu leur crédibilité. Leur message trop anecdotique, parce qu'à teneur essentiellement historique, n'a plus ni la puissance d'un discours métaphysique ni celle d'un discours mythologique. Elles s'enlisent dans des préoccupations moralisatrices et n'ont plus le pouvoir d'allumer en nous la flamme d'une aspiration spirituelle, voire mystique. Leur capacité de renouvellement ne se traduit que par des expressions fondamentalistes ou intégristes qui ne sont qu'une fuite éperdue à la recherche de certitudes révolues.

La mondialisation des échanges, l'accélération des techniques de communication, qui ont pour effet de rétrécir notre planète, rendent caduques toutes les interprétations provinciales de notre histoire. La certitude d'appartenir, par naissance ou par adoption, au camp de Dieu n'est plus crédible. La prétention à détenir seul la vérité, prétention qui a provoqué tant de massacres dans l'histoire des hommes et en provoque encore aujourd'hui, ne peut plus être prise au sérieux par quiconque a ouvert son esprit à la dimension du monde.

Les idéologies qui ont fourni à des générations de citoyens le cadre globalisant d'une vision de l'homme intégrée à une vision de l'histoire de l'humanité se sont effondrées à l'épreuve de la réalité. Nous vivons la fin des illusions. Nous vivons dans un monde que certains analystes nous présentent comme désenchanté.

Le travail professionnel qui, au-delà des idéologies, semblait une valeur sûre pour définir notre statut social et notre place dans la société, au point qu'un très grand nombre de femmes ne pouvaient plus accepter d'en être exclues ni privées, est en train de se déliter et de perdre son efficacité de matrice des relations sociales, sans pour autant que nous voyions se profiler à l'horizon un autre critère de distribution des rôles ou un autre facteur de cohésion collective. De ce point de vue, la crise que nous traversons ne se réduit pas à une simple crise économique dûment programmée et prenant sa juste place dans le cycle bien connu des experts en économie Elle est bien davantage une crise de civilisation.

C'est pourquoi nous la vivons comme un temps de très forte déstabilisation. Nous la vivons, individuellement et collectivement, comme une crise d'identité. Nous avons perdu en cours de route les étiquettes qui, il y a encore quelques dizaines d'années, permettaient à un grand nombre d'entre nous de nous identifier et de nous situer dans la société Il y a trente ans, je me définissais comme moine chrétien, catholique romain. Tout était dit. Il n'y avait rien à ajouter. Chacun savait à quoi s'en tenir à mon sujet.

Que suis-je devenu dans la crise ? Je continue toujours à me considérer comme une espèce de moine, hanté par la recherche de l'essentiel, mais ni l'Eglise ni la société ne me reconnaissent comme tel et je ne le leur demande nullement. Je suis loin d'avoir totalement renié mes origines chrétiennes. Je me sens toujours héritier de cette tradition, du moins dans ce qu'elle a de profondément humain et de potentiellement universel. Mais tout en moi rejette la forme historico-dogmatique qu'elle a donnée à son enseignement et je suis définitivement sorti du système institutionnel, à tendance totalitaire, qu'elle a sécrété au cours des siècles. C'est sans aucun regret que je laisse à d'autres le privilège de se soumettre intellectuellement à une infaillibilité, quelle qu'elle soit !

Je ne suis pas en quête de certitudes auxquelles je pourrais m'accrocher. Je suis en quête d'un horizon vers lequel avancer.

Mes lectures et mes rencontres se sont progressivement élargies à de nombreuses traditions sans que j'éprouve pour autant l'impérieuse nécessité de me convertir à l'une d'entre elles. On me soupçonne de syncrétisme. Mais je ne vois pas en quoi il serait blâmable d'explorer les voies multiples que l'humanité a empruntées pour aller vers l'essentiel. Je crois que chacune d'entre elles nous délivre quelque chose de la philosophie éternelle.

Le droit canon de l'Eglise romaine me définit comme *vagus*[1] et il est indubitable que je reste vagabond. Je n'ai pas encore trouvé le lieu où j'aimerais planter ma tente et fixer définitivement ma demeure. J'avance de commencements en commencements, par des commencements qui semblent n'avoir jamais de fin.

Mon cas est sans doute extrême car je suis passé d'un excès de définition (la vie monastique ne laissant rien dans l'imprécision) à un dégagement, aussi radical que possible, des credo reçus d'en haut et des appartenances à des corps institués. Je sais cependant qu'il est loin d'être isolé et que nombreux sont ceux de mes contemporains qui se retrouvent dans cette traversée d'un *no man's land* qui nous met au défi de tenir debout par nous-mêmes et de marcher sur nos propres pieds.

Si tu es parvenu jusqu'aux dernières pages de ce livre, il y a de fortes chances, ami lecteur, amie lectrice, pour que tu en fasses partie.

Après le temps de la déstabilisation et de la remise en cause des repères viendra, j'en suis sûr, celui de la renaissance. L'histoire progresse elle aussi de commencements en commencements, de morts en renaissances, par la remise en cause des certitudes et des systèmes de référence établis pour déboucher sur de nouvelles synthèses. Il nous revient de contribuer à l'élaboration de la synthèse qui prendra le relais de celles qui ont indubitablement éclairé les siècles passés mais qui, aujourd'hui, ont tout simplement fini leur temps. Il n'y a pas à pleurer car, de même que la synthèse du christianisme qui s'est élaborée au cours des premiers siècles de notre ère a assumé une grande partie des traditions qui lui étaient antérieures, de même la synthèse, à laquelle l'époque que nous vivons nous convie, saura assumer ce que les récents millénaires nous ont enseigné de plus vital pour le devenir de l'humanité. La novation consiste moins à inventer de toutes pièces des idées nouvelles que de placer dans de nouvelles perspectives un certain nombre d'idées déjà connues, mais peut-être provisoirement méconnues, pour les rendre signifiantes dans un nouveau contexte culturel et historique[2].

C'est ainsi qu'ont surgi toutes les Renaissances. A nous de savoir porter dès aujourd'hui et engendrer pour demain, la Renaissance que notre époque attend[3].

Nous avons à réinventer une métaphysique accessible à tous, car c'est à tous, et pas seulement aux philosophes professionnels, que se posent les questions fondamentales sur le sens ou le non-sens de la vie[4]. Nous avons indubitablement à explorer ce corps que nous sommes et, à travers lui, à restaurer tous les liens qui nous insèrent dans l'univers qui nous entoure. A explorer les champs infinis qui s'ouvrent à notre conscience éveillée. A tisser, encore et encore, des relations d'amour et de solidarité, non seulement à l'échelle personnelle mais aussi à l'échelle planétaire, avec nos frères et nos sœurs en humanité. A réinventer, au plus profond de nous-même, comme dans les formes de la vie sociale, le jeu du masculin et du féminin. A imaginer une société dont la mainmise sur les ressources de la terre et le travail rémunéré ne seraient plus les deux principes directeurs. Sans doute devons-nous encore apprendre à conjuguer de façon subtile science et conscience.

Si nous sommes suffisamment nombreux à suivre ces pistes avec confiance, autrement dit si nous sommes assez nombreux à nous manifester comme des hommes et des femmes de foi, alors nous pourrons regarder l'avenir avec optimisme.

Nous saurons, s'il le faut, déplacer des montagnes.

Notes

Avant-propos

1. Cf. Bernard Besret, *Confiteor. De la contestation à la sérénité*, Paris, Albin Michel, 1991, p.73.
2. Selon la formule du père abbé de l'abbaye de Ligugé. Cf. Dom Jean-Pierre Longeat, *Paroles d'un moine en chemin*, entretiens avec Monique Hébrard, Paris, Albin Michel.
3. Paris, Albin Michel, 1995.
4. *Op. cit.*, p. 86 ss.
5. Cf. Dr Deepak Chopra, *Un corps sans âge, un esprit immortel*, Paris, InterEditions, 1994, p. 191.
6. 61360, Montgaudry, lieu créé par Ariane Buisset, auteur de *La Réconciliation. Essai sur l'unité cachée des religions*, Paris, Editions ADYAR, 2000.
7. Cf. José Antonio Ferrer Benimeli, s.j., *Les archives secrètes du Vatican et la franc-maçonnerie*, Derny, 2002.

1. Du bon usage de ce livre

1. Bernard Besret a évoqué son itinéraire personnel dans *Confiteor. De la contestation à la sérénité*, Paris, Albin Michel, 1991 ; rééd. coll. « Espaces livres », 1996 *(note de l'éditeur).*
2. Ce projet m'habite depuis plus de vingt-cinq ans. C'est

ainsi qu'en 1970 j'ai publié *Libération de l'homme. Essai sur l'actualité des valeurs monastiques*, Paris, Desclée de Brouwer.

3. Pélage, s'il n'osait le nier explicitement, minimisait à l'extrême le péché originel. Il considérait que l'homme avait en lui-même la capacité de s'élever vers Dieu. C'était une vision beaucoup trop optimiste pour le christianisme officiel. Saint Augustin, avec qui il essaya de dialoguer à l'occasion de son exil en Afrique, consacra une partie de son œuvre à le réfuter. « Théoricien du perfectionnement moral, Pélage finit par arriver à s'intéresser aux moyens plus qu'à la fin et à élaborer une doctrine conçue moins à partir de Dieu qu'en fonction de l'homme et de la carrière qu'il a à fournir : d'où son aspect humain, trop humain », écrit Henri Marrou dans la *Nouvelle Histoire de l'Eglise*, t. 1, p. 451. Il me semble légitime de porter un autre regard sur Pélage aujourd'hui.

4. Act. 17, 28. D'après la Bible de Jérusalem, cette phrase est inspirée du poète Epiménide de Cnossos (VIe siècle av. J.-C.).

5. Ce que Raimon Panikkar (*op. cit.* p.27) appelle *humanum* et que l'on peut rapprocher avec toutes les nuances qu'impose le passage d'une terminologie occidentale à un mot de la philosophie chinoise, du concept confucéen de *ren, vertu d'humanité*, « qui ne saurait être appréhendée que comme la manifestation de toutes les qualités humaines poussées à un degré suprême. » *Les Entretiens de Confucius*, traduit du chinois par Anne Cheng, Paris, Seuil, « Points Sagesses », p. 20.

2. Du bon usage du réel

1. Je suis obligé de prendre des précautions avec l'usage du mot *ésotérique*, à cause des significations qu'il a prises au cours des siècles pour désigner des démarches visant à l'acquisition de *pouvoirs* occultes au service de la volonté humaine.

2. Elan-Noir (Hehaka Sapa), *Les rites secrets des Indiens Sioux*, Paris, Le Mail, 1987, p. 59.

3. Serge Wilfart, *Le chant de l'Etre. Analyser, construire, harmoniser par la voix*, Paris, Albin Michel, 1994, p. 81.

4. Cf. Jean-Claude Barreau, *Du bon usage de la religion*, Paris, Stock, 1976.

5. Voir au contraire Mt 5, 45.

6. L'auteur de l'Apocalypse utilise à trois reprises l'expression « l'alpha et l'oméga » pour désigner, par ces deux lettres extrêmes de l'alphabet grec, la réalité qui est à l'origine et à la fin de tout ce qui existe. Teilhard de Chardin leur a donné une nouvelle jeunesse en les posant à l'origine et à la fin du processus d'évolution de l'humanité.

7. Cf. Matthew Fox, *La grâce originelle*, Paris, Desclée de Brouwer, 1995. Du même auteur, *Le Christ cosmique*, Paris, Albin Michel, 1995.

8. Abraham Heschel, cité par Matthew Fox dans *Le Christ cosmique, op. cit.* Ce vers se prête à de nombreuses paraphrases. Il suffit de changer l'infinitif.

9. Un maître chinois de Qi Gong cité par Karin Blair, *Qi Gong des yeux*, Paris, Ellébore, 1994, p. 9.

10. Cf., sur ce type de logique « trialectique », Alain Dunand, *L'espace du jeu*, Paris, Le Cerf, 1978 ; *L'un contre l'autre*, Paris, Insep Editions, 1984.

11. J'ai traité de cette détermination cosmologique du temps dans le chapitre intitulé « Sur la terre comme au ciel », de *Confiteor. De la contestation à la sérénité, op. cit.*, p. 27-44.

12. Je m'inspire ici du binôme de l'ordre *implié* et de l'ordre *déplié* proposé par David Bohm dans *La plénitude de l'Univers*, Monaco, Editions du Rocher, 1987, et dans *La danse de l'esprit ou le sens déployé*, La Varenne, Saint-Hilaire, Editions Seveyrat, 1989.

13. Claude Grellet, *Le labyrinthe des alchimistes*, Paris, François Bourin, 1992, p. 182.

3. Du bon usage de la relation humaine

1. Jean-Claude Barreau, *De l'Islam en général et du monde moderne en particulier*, Paris, Le Pré aux Clercs, 1991, p. 34. Nos interprétations de la sphère comme métaphore ne divergent que sur un point. Pour moi, intériorité et transcendance se rejoignent parce que je ne retiens pas la transcendance d'un Dieu situé à l'extérieur de nous, et, avec Raymond Abellio, je préfère voir, dans la dimension qui donne la profondeur, celle de l'individuation.

4. Du bon usage de la nature et de la culture

1. Cf. ses considérations plus élaborées dans Arnold Kayserling, *Das magische Rad Zentralasiens Schlüssel der Urreligion*, Vienne, Verlag der Palme, 1993, p. 64-71.
2. Elizabeth Aich, *Initiation*, Lausanne, Le Signal, 1985, p. 247-249.

5. Du bon usage de la santé et de la maladie

1. On notera que la même racine nous a donné le mot *sauge*, à cause des vertus médicinales reconnues à la plante, créditée de pouvoir nous restituer la santé.
2. Le yoga garde « la saveur vitaliste de ses origines, tendant à utiliser les forces vitales en les dominant, bien plus qu'à les écraser » (Olivier Lacombe, in *Mystique, sexualité et continence*, Paris, Desclée de Brouwer, 1990, p. 66).
3. Cf. Jean-Pierre Schnetzler, *La méditation bouddhiste*, Paris, Albin Michel, 1994.
4. Cf. Etienne Trocmé, *Jésus de Nazareth vu par les témoins de sa vie*, Neuchâtel, Delachaux et Niestlé, 1971.
5. C'est-à-dire entier. Le mot *sauf* provient lui aussi de la racine qui a donné *salut* et *sauveur*.

6. Du bon usage du sommeil et de l'éveil

1. Le professeur Jouvet a reçu en 1994 le prix Science et Défense pour la mise au point d'une molécule qui permet de rester éveillé trois jours d'affilée. On peut comprendre pourquoi ses recherches intéressent les militaires.

2. Cf. Stanislas Grof, *Royaumes de l'inconscient humain*, Monaco, Editions du Rocher, 1983.

3. Cf. la thèse soutenue par Terence McKenna dans *Food of the Gods. The Search for the Original Tree of Knowledge*, New York, Bantam Books, 1992, selon laquelle ce serait en mangeant certaines plantes hallucinogènes que des anthropoïdes auraient accédé à un niveau supérieur de conscience et auraient ainsi ouvert la voie à notre humanité !

4. C'est pourquoi je suis favorable, pour ma part, à l'heure d'été. Les Américains l'appellent « light saving program », c'est-à-dire un programme pour économiser l'électricité en obligeant tout le monde à vivre un peu plus au rythme du soleil. Cette tricherie sur l'heure, à la fois sociale et psychologique, a paradoxalement pour but de nous rapprocher d'un rythme naturel ! En été, quand nous nous levons à 7 heures, il est en fait 5 heures à l'heure solaire, et, quand nous croyons nous coucher à minuit, il n'est que 10 heures du soir. J'entends bien, dans le concert de protestations qui accompagne chaque année ce passage difficile, que ce qui fait problème c'est de changer d'heure deux fois par an avec les difficultés d'adaptation que cela entraîne. Pour tenir compte de cette difficulté, mieux vaudrait peut-être rester à l'« heure d'été » toute l'année.

5. Zhuang Zi, cité dans Anne Cheng, *Histoire de la pensée chinoise*, Paris, Le Seuil, 1997, p. 122-123. Ce récit est repris sous forme de conte dans Pascal Fauliet, *Contes des sages taoïstes*, Paris, Le Seuil, 2004, p. 54-57.

7. Du bon usage des quatre éléments

1. Les Chinois organisent le monde à partir de cinq éléments. Ils n'intègrent pas la terre mais introduisent par contre le métal et le bois.

2. Cf. Patrick Négrier, *Les Symboles maçonniques d'après leurs sources*, Editions Téletès, Paris, 1990.

3. « Tropical », par opposition au « zodiaque des constellations » qu'utilisent les astronomes. Le zodiaque tropical est distribué mathématiquement en signes, de trente en trente degrés, à partir du point vernal, c'est-à-dire du point qu'occupe le soleil dans le ciel à son lever lors de l'équinoxe du printemps. Ce point vernal régresse d'un soixante-douzième de degré tous les ans, ce qui entraîne un léger décalage, chaque année, du zodiaque tropical par rapport à celui des constellations. On appelle ce phénomène la précession des équinoxes. Le zodiaque tropical se décale ainsi de trente degrés, c'est-à-dire de l'équivalent d'un signe, tous les 2 160 ans. D'où le malentendu entre les astronomes et la majorité des astrologues, parce qu'ils n'utilisent pas le même cadre de références. Mais c'est précisément ce qui amène les seconds à parler des ères successives dans l'histoire de notre planète. L'ère du Verseau devant maintenant succéder à l'ère des Poissons qui succédait elle-même à l'ère du Bélier, etc. La difficulté, en ce qui concerne les ères, est de fixer astronomiquement un point zéro de ce décompte zodiacal.

4. Penser à la cathédrale Saint-Marc de Venise et à ses célèbres lions.

5. D'où les lutrins en forme d'aigles sur lesquels on était appelé à poser l'Evangile selon Jean.

6. Les récentes recherches sous-marines ont permis de découvrir des formes de vie à une si grande profondeur que la lumière du soleil ne peut y parvenir. Il semble que ce soit la présence du soufre qui s'y substitue. C'est en quelque sorte l'exception qui confirme la règle, encore que le soufre ait un rapport étroit avec le feu.

7. Cf. Dominique Léonie, Dr Régis Berthet, *Les scores records du corps*, Paris, Editions Hors Collection, 1994, p. 92.

8. Serge Wilfart, *op. cit.*, p. 49.

9. Cf. Roger Clerc, *Un art de vivre. La pratique du yoga en Occident*, Paris, Le Courrier du livre, 1991, p. 13 et ss.

10. Toute réalité a son côté positif et son côté négatif. Nous savons aujourd'hui que l'oxygène qui est essentiel au développement de la vie peut, en oxydant certains éléments au niveau de nos cellules, libérer des *radicaux libres* qui nous encombrent à leur tour et sont un facteur de vieillissement si nous ne parvenons pas à les recombiner ou à les éliminer rapidement.

11. J'ai traité ce point dans ma *Lettre ouverte au Pape...* (Albin Michel, 1993), p. 44 et ss. : « La racine "I-E" autour de laquelle est contruit le mot dIEu a désigné dans un premier temps la luminosité du ciel. De là sont nées deux familles de mots : ceux qui s'appuient sur *dies* pour signifier le jour et tout ce qui s'y rapporte, et ceux qui s'appuient sur *deus* pour tout ce qui a trait à l'univers céleste, par opposition à celui des hommes qui est terrestre par nature. »

12. Cf. Giovanni Franzoni, *La terre appartient à Dieu*, Paris, Le Centurion, 1973. Alain Dunand, de son côté, s'interroge : « Pourquoi sommes-nous incapables de partager la Terre ? De partager tout court ? D'où nous vient cette infirmité ? », et s'efforce d'y répondre dans *La Terre en partage. L'homme en quête de son humanité*, Genève, Slatkine, 1994.

13. Serge Wilfart, *op. cit.*, p. 183.

14. Je fais allusion ici à la conception orientale de l'homme qui décèle dans la plante des pieds, comme dans la main ou encore dans l'oreille, des correspondances avec les organes du corps tout entier. Dans cette perspective, en massant la plante des pieds on stimule toutes les fonctions vitales du corps.

15. Dès les premières pages de la Bible apparaît le mystère de l'eau sur laquelle semble planer l'esprit. Puis c'est l'eau du Déluge qui purifie l'humanité. C'est ensuite par la traversée de l'eau de la mer Rouge que le peuple élu est définitivement libéré de l'esclavage égyptien. Josué devra encore traverser le Jourdain pour entrer dans la Terre promise. On le voit, Jean

le Baptiste s'insère dans une longue tradition lorsqu'il propose à ses contemporains une purification par immersion dans l'eau du Jourdain.

16. Cf. les travaux du professeur Vijay Kakkar de Londres sur la *thermo regulatory hydro therapy*, présentés dans *The European* du 22-25 avril 1993, p. 23-26.

17. Dr Deepak Chopra, *Le corps quantique*, Paris, InterEditions, 1995, p. 161.

18. Il existe, sur ce point, deux écoles médicales. La tradition chinoise n'invite pas à boire abondamment par peur d'imposer aux reins un travail inutile d'élimination. Par contre, en Occident, l'importance de boire de l'eau tout au long de la journée est de plus en plus soulignée. Il s'agit d'assurer une hydratation en profondeur de toutes les cellules du corps. Cf. F. Batmangelidg, *Votre réclame de l'eau. Effets méconnus de la déshydratation*, Jouvence, 1998. Les boissons ayant un effet diurétique rapide (café, thé, bouillon de poireaux, etc.) n'ont aucun effet réhydradant parce qu'elles sont immédiatement éliminées par les reins.

19. Il est encore trop tôt pour juger des effets en profondeur des nombreuses inventions du XXe siècle, en particulier du rôle que peuvent jouer les technologies de l'information dans l'éventuelle émergence d'une conscience planétaire. Voir à ce sujet Joël de Rosnay, *L'homme symbiotique*, Paris, Seuil, 1995.

20. Voir sur ce sujet Aldous Huxley, *L'art de voir*, Paris, Petite Bibliothèque Payot, 1978.

8. Du bon usage du mouvement et de l'immobilité

1. Georges Rodenbach, poète belge (1855-1898), cité par Marcel Jousse, *Le parlant, la parole et le souffle*, Paris, Gallimard, 1978, p. 35.

2. Marcel Jousse, *op. cit.*, p. 32.

3. « Comment tient-on debout ? Dans le bas de la colonne vertébrale, certaines vertèbres – L3 notamment – permettent à l'être humain correctement verticalisé d'assurer une bonne

continuité entre le rachis et les jambes. Mais beaucoup d'entre nous marchent encore comme de jeunes enfants : ils propulsent les fesses en arrière ; en inspirant pour produire un effort, ils accentuent le mouvement. Ceux-là ne concluent pas leur verticalité, ou la concluent maladroitement au moment de quitter l'adolescence ; leur corps ne bascule pas sur les jambes comme et où il devrait le faire ; ils s'engagent donc dans un déséquilibre qui n'est pas seulement physiologique mais qui déstabilise aussi des pans entiers de leur personnalité » (Serge Wilfart, *op. cit.*, p. 35-36).

9. Du bon usage du jeûne et du déjeuner

1. Audrey Richards et Radcliff-Brown cités par Claude Fischler, *L'homnivore*, Paris, Odile Jacob, 1993, p. 16.
2. « L'application des règles alimentaires de la *cashrout* est sans doute, au fil des millénaires, un ciment du judaïsme et une protection contre l'acculturation ou même les contacts extérieurs » (Claude Fischler, *op. cit.*, p. 68).
3. Le 18, 11. L'attaque est trop générale pour ne pas être partiale. Il ne s'agit donc pas ici de juger historiquement les pharisiens, mais d'analyser une forme de comportement très générale.
4. Cf. le texte de Maître Eckhart cité en épigraphe de ce livre.
5. Claude Fischler, *op. cit.*, p. 118.
6. On peut s'interroger pour savoir si c'est le caractère omnivore du porc qui entraîne la réprobation assez largement partagée concernant sa consommation.
7. *La Règle des moines* attribuée à saint Benoît prescrit un régime végétarien à ses adeptes mais donne à l'abbé de la communauté le droit de concéder l'usage de la viande de volaille au moine malade ou affaibli.
8. Claude Fischler, *op. cit.*, p. 125-126.
9. Cf. Eugen Drewermann, *Le progrès meurtrier*, Paris, Stock, 1993, p. 228-249.

10. Rudolf H. Strahm, *Pourquoi sont-ils si pauvres ?*, Berne, La Baconnière, 1977, p. 82. « Les pays riches utilisent pour nourrir leur bétail les produits du Tiers Monde qui auraient pu servir à l'alimentation humaine. Ainsi chaque année, 30 millions de tonnes de soja et 50 millions de tonnes de tourteaux d'arachide, de coprah, de palmes, de tournesol, ainsi que de la farine de poisson, sont affectées à l'alimentation animale. Ces produits sont achetés (en grande partie) dans le Tiers Monde où ils aggravent le déficit alimentaire et font grimper les prix. Ainsi, en mangeant de la viande, nous mangeons indirectement le pain des habitants du Tiers Monde » *(ibid.*, p. 83).

11. En dehors de quelques cas pathologiques qui nécessitent un suivi médical.

12. Paradoxalement, les personnes obèses qui ont un problème de métabolisme doivent prendre plus de précautions que les autres si elles entreprennent de jeûner. Le suivi médical, souhaitable dans tous les cas, est pour elles particulièrement nécessaire.

13. On me signale que dans bien des cas les grévistes de la faim découvrent les vertus du jeûne et font preuve d'une vitalité exceptionnelle qui devient vite contagieuse.

14. Je n'ai en souvenir que la version latine de ce texte, que la liturgie ramenait une fois par an dans la vie de l'Eglise, à l'occasion du Carême : *Jejunium vivificat, jejunium nutrit, jejunium virum efficit.*

10. Du bon usage de la continence et de la sexualité

1. Cf. Ivan Illich, *Le genre vernaculaire*, Paris, Le Seuil, 1983 ; Elisabeth Badinter, *L'un est l'autre. Des relations entre hommes et femmes*, Paris, Odile Jacob, 1986.

2. Je devrais écrire : « le Yang et le Yin » si je voulais respecter la correspondance avec le paragraphe qui précède.

3. Cantor (1845-1918) est un mathématicien allemand qui dans sa réflexion sur l'infini a été amené à élaborer le concept du « transfini » et à mettre en valeur la puissance du continu.

4. Nicolas de Cues, *Trois traités sur la docte ignorance et la coïncidence des opposés*, Paris, Le Cerf, 1991.

5. Avec le Fils selon la version catholique romaine, ou sans lui selon la version orthodoxe. C'est la querelle du *Filioque* sur laquelle les chrétiens d'Orient et d'Occident se sont séparés en 1054 et ne se sont plus retrouvés depuis.

6. Par compensation, et pour éviter d'avoir une trop mauvaise conscience, les Pères conciliaires concéderont au sexe féminin l'exaltation du personnage historique de Marie. Ils lui attribueront même le titre de « mère de Dieu », *theotokos*. Mais, comme chacun put alors le comprendre, il ne s'agissait nullement de proclamer la foi en une Déesse Mère antérieure à Dieu le Père (dont elle serait proclamée la mère), mais bien d'affirmer par ce biais que Jésus, son fils selon la chair, était lui, véritablement Dieu. Il ne s'agissait pas d'affirmer la dimension féminine de la divinité. Il ne s'agissait en fait que d'affirmer le caractère divin de Jésus. Il ne s'agissait que de christologie.

7. Cf. Dany-Robert Dufour, *Les mystères de la trinité*, Paris, Gallimard, 1990.

8. Cf. B. Besret, *Confiteor. De la contestation à la sérénité*, *op. cit.*, p. 148.

9. Olivier Lacombe, in *Mystique, sexualité et continence, op. cit.* p. 68.

10. Mircea Eliade, in *ibid.*, p. 23-24.

11. « En tant que processus biologique, la nutrition est plus fondamentale que la sexualité » (Audrey Richards et Radcliff-Brown cités par Claude Fischler, *op. cit.*, p. 16).

12. Uta Ranke-Heinemann, *Des eunuques pour le royaume des cieux. L'Eglise catholique et la sexualité*, Paris, Robert Laffont, 1990, p. 15.

13. Je pense en particulier à l'*élan vital* qui se trouve au cœur de la philosophie de Bergson.

14. Mircea Eliade, in *Mystique, sexualité et continence, op. cit.*, p. 20.

15. Jean Filliozat, in *ibid.*, p. 88.

16. « Les mortifications ne retranchent que pour mieux

exalter la puissance essentielle du sujet » (Olivier Lacombe, in *ibid.*, p. 66).

11. Du bon usage de la parole et du silence

1. Serge Wilfart, *op. cit.*, p. 176.

2. J'ai le souvenir de célébrations au cours desquelles les murs et la charpente de l'abbaye de Boquen, dont j'étais alors le prieur, résonnaient de la polyphonie de centaines de murmures qui, chacun, correspondaient à la réalité intime de celui qui l'émettait. S'il arrivait que quelques voix agressives et soucieuses de se faire entendre s'imposent quelques instants au murmure des autres, elles étaient assez vite aspirées vers plus d'authenticité. Alors, montait vers la voûte de l'édifice, symbole de la voûte céleste, l'expression la plus vraie du peuple rassemblé. C'est le murmure que devrait entendre un voyageur de l'espace, à l'approche de la Terre, en lieu et place des cris de souffrance et des gémissements qui dominent aujourd'hui : le murmure des hommes et des femmes heureux de vivre sur leur planète

3. Cf. *supra*, chap. 2, n. 8.

4. Serge Wilfart, *op. cit.*, p. 40.

5. Michel Tournier, *Les Météores*, Paris, Gallimard, 1975.

6. La traduction, comme c'est souvent le cas pour les textes chinois, et très simplificatrice et en fausse même peut-être le contenu. Cf. Jean-François Billeter, *Leçon sur Tchuang-Tseu,* Paris, Editions Allia, 2002.

7. J'emprunte l'expression à Jacques Vigne, « Manifeste pour une écologie de l'esprit », dans *Terre du Ciel*, n° 28, février-mars 1995, p. 44-45.

12. Du bon usage du vêtement

1. Pour être complètement logique avec les précédents, ce chapitre devait s'intituler « Du nu et du vêtement ». Sur le nu

que je ne traiterai pas vraiment, je renvoie à Marc-Alain Descamps, *Le nu et le vêtement*, Paris, Editions universitaires, 1972.

2. *Ibid.*, p. 22.

3. Il y a un lien étroit entre l'habit et l'habitat : « De l'habillement, en passant par l'instrumentation, l'homme cherche naturellement à se construire un abri qui l'abrite dans son intimité » (Jean-Claude Rocher, *Fondements éthiques du droit*, I. *Phénoménologie*, Paris, Editions Fac, 1993, p. 127).

4. Marc-Alain Descamps, *op. cit.*, p. 23.

5. Serge Wilfart, *op. cit.*

6. L'expression est de Carlyle, cité par Marc-Alain Descamps, *op. cit.*, p. 9 : « *Clothes have made men of us ; they are threatening to make clothe-screens of us* » (Les vêtements ont fait de nous des hommes ; ils risquent de faire de nous des portemanteaux).

13. Du bon usage des rites

1. Henri Hatzfeld, *Les racines de la religion. Tradition, rituel, valeurs*, Paris, Le Seuil, 1993, p. 42.

2. « Les coutumes peuvent survivre à leurs raisons... La voix s'est tue qui donnait la raison », *ibid.*

3. « Du point de vue historique, l'emploi de l'épée dans les loges maçonniques date du XVIIe siècle. En effet, cette mesure a été prise sous Louis XV, en vue d'appliquer dans les loges maçonniques les principes d'égalité qui alors exprimaient même ceux de liberté » (Daniel Ligou, *Dictionnaire de la franc-maçonnerie*, Paris, PUF, 1987, p. 415).

4. « L'histoire des religions et l'ethnologie connaissent un nombre considérable d'initiations, mais il n'en existe pas une seule qui ne comporte, comme élément constitutif, la mort et la résurrection rituelle. *Mort* et *initiation* sont deux notions si proches qu'en plusieurs langues les termes qui les expriment sont les mêmes ou sont dérivés de la même racine. Un initié est, par conséquent, un être qui a connu la mort et a ressuscité »

(Mircea Eliade, in *Mystique sexualité et continence, op. cit.*, p. 15).

5. *Ibid.*, p. 23.

6. Dans *La crise du monde moderne*, écrite au lendemain de la Seconde Guerre mondiale, René Guénon pressentait cette situation car il prévoyait que le délitement des religions instituées, et en particulier de l'Eglise catholique romaine, mettrait les spirituels dans l'obligation de créer eux-mêmes « tous les instruments, au lieu de les trouver tout préparés » (cité par Jean Pataud, *Le Sacré, à l'épreuve de la modernité*, manuscrit, note *infra*, p. 109).

7. Cf. André Neyton, *Les clefs païennes du christianisme*, Paris, Les Belles Lettres, 1979, p. 163 : « Loin d'opposer christianisme et paganisme suivant une séculaire habitude, héritée d'un antique et tragique affrontement, il convient de les considérer comme les membres d'une même famille qui se brouillèrent jadis et entamèrent une lutte mortelle. Le plus jeune l'emporta, mais ne put se débarrasser de son hérédité ; on assista bien davantage à la paganisation du christianisme qu'à la christianisation du paganisme : de sorte que le christianisme a réalisé ce paradoxe de ressusciter le paganisme tout en le détruisant, et présente ainsi de nos jours un véritable musée païen vivant. »

14. Du bon usage de la conscience

1. Problème que j'ai largement abordé dans ma *Lettre ouverte au Pape... (op. cit.)*, qui répondait à l'encyclique de Jean-Paul II sur les fondements de l'enseignement moral de l'Eglise, *Splendor Veritatis.*

2. Cf. Serge Wilfart, *op. cit.*, p. 52.

3. Cf. Graf Dürckheim, *Le Hara*, Paris, Le Courrier du livre, 1974.

4. Cf. Dr Deepak Chopra, *op. cit.*, p. 196-197.

15. Du bon usage de la souffrance et de la mort

1. Par ses présupposés métaphysiques, ce chapitre rejoint le chapitre 2, « Du bon usage du réel ». J'ai eu l'occasion de développer cette vision d'ensemble dans *Esquisse d'un évangile éternel*, Paris, Le Seuil, 2003.

2. Je me permets une nouvelle fois de paraphraser Abraham Heschel, voir *supra*, chap. 2, n. 8.

3. « Le passé reste actif dans le présent comme une sorte d'ordre implié », dit David Bohm, cité par Michaël Talbot, dans *L'univers est un hologramme*, Paris, Pocket, 1994, p. 328. L'auteur résume cette pensée en écrivant : « Enregistré dans l'hologramme cosmique, le passé ne saurait tomber dans l'oubli », *ibid.*, p. 329.

16. Du bon usage de l'avenir

1. Dans l'Eglise catholique romaine, un prêtre, pour pouvoir célébrer, a besoin d'être « branché » sur une juridiction, soit par l'intermédiaire d'un évêque, soit par celui d'un ordre religieux. Un prêtre *vagus* est en quelque sorte un prêtre *débranché* de toute juridiction.

2. Cf. Henri Hatzfeld, *op. cit.*, p. 64.

3. Cf. Bernard Besret, *Manifeste pour une renaissance*, Paris, Albin Michel, 1997 ; *Esquisse d'un évangile éternel*, Paris, Le Seuil, 2003.

4. Iris Murdoch fait dire à l'un de ses personnages : « *Pop metaphysics, pop theology, maybe that's what the age requires* » *(The Message to the Planet*, Londres, Chatto & Windus, 1989, p. 42).

Table

DU MÊME AUTEUR

AUX ÉDITIONS ALBIN MICHEL

Manifeste pour une renaissance, 1997.
Confiteor, 1991 ; rééd. « Espaces libres », 1996.
Lettre ouverte au Pape qui veut nous assener la vérité absolue dans toute sa splendeur, 1993.

CHEZ D'AUTRES ÉDITEURS

Esquisse d'un Evangile éternel, Editions du Seuil, 2003.
Incarnation ou eschatologie ? Contribution à l'histoire du vocabulaire religieux contemporain, 1935-1955, Paris, Editions du Cerf, 1964.
Libération de l'homme, essai sur le renouveau des valeurs monastiques, Paris, Desclée de Brouwer, 1969.
Propos sur la liturgie, Paris, Epi, 1970.
Clefs pour une nouvelle Eglise, Paris, Seghers, 1971.
De commencement en commencement, itinéraire d'une déviance (entretiens avec Marie-Thérèse Maltèse et Ernest Milcent), Paris, Editions du Seuil, 1976.
Les Conditions du développement de la culture scientifique et technique à Rennes et dans sa région, Paris, ministère de la Culture, 1984.

Fascicules :

Boquen, hier, aujourd'hui, demain, Paris, Epi, 1969.
Boquen en crise, 1970, Paris, Epi, 1970.
Articulations, Plougrescant, Editions du Gouffre, 1977.
Le Tourment de Dieu, Bruxelles, CEFA, 1982.

Livres en collaboration :

Le Message des moines à notre temps, Paris, Fayard, 1958.
Les Religieux, aujourd'hui et demain, Paris, Editions du Cerf, 1964.
L'Adaptation et la rénovation de la vie religieuse, collection « Unam Sanctam », n° 62, Paris, Editions du Cerf, 1967.
Les Communautés de base (avec Bernard Schreiner), Paris, Grasset, 1973.
Un risque appelé prière, Paris, Desclée de Brouwer, 1972.

« *Espaces libres* »

au format de poche

DERNIERS TITRES PARUS

100. *Le Cercle sacré. Mémoires d'un homme-médecine sioux*, d'A. FIRE LAME DEER.
101. *Être à deux ou les traversées du couple*, collectif dirigé par N. CALMÉ.
102. *La Source du bonheur*, de C. BOIRON.
103. *Une passion*, de C. SINGER.
104. *Cent prières possibles*, d'A. DUMAS. Préface d'O. ABEL.
105. *L'Art de vivre au présent*, collectif dirigé par É. LE NOUVEL.
106. *Manque et plénitude*, de J.-Y. LELOUP.
107. *Le Cercle de vie. Initiation chamanique d'une psychothérapeute*, de M. SÉJOURNANT.
108. *Le Théâtre de la guérison*, d'A. JODOROWSKY.
109. *Histoire d'âme*, de C. SINGER.
110. *L'Âme de la nature*, de R. SHELDRAKE.
111. *Au nom de la vérité, Algérie 1954-1962*, de Mgr L.-É. DUVAL.
112. *L'Art du kôan zen*, de T. JYOJI (inédit).
113. *L'Absurde et la Grâce*, de J.-Y. LELOUP.
114. *Le Palais des arcs-en-ciel*, de T. TCHEUDRAK.
115. *Éloge du bon sens dans la quête du sens*, de M. DE SMEDT.
116. *En chemin vers le Bouddha*, d'O. GERMAIN-THOMAS.
117. *Pour comprendre l'intégrisme islamiste*, de M. GOZLAN.
118. *Le Rêve de Confucius*, de J. LÉVI.
119. *Un art de l'attention*, de J.-Y. LELOUP.
120. *Religions en dialogue*, de J. MOUTTAPA.
121. *Le Courage de se libérer*, de P. et P. FENNER.
122. *Histoire des dalaï-lamas*, de R. BARRAUX.
123. *Du Sahara aux Cévennes*, de P. RABHI.
124. *Aux sources du zen*, d'A. LOW.
125. *Le Curé de Nazareth*, d'H. PROLONGEAU.
126. *L'Évangile d'un libre penseur*, de G. RINGLET.
127. *Le Courage de vivre pour mourir*, de N. MASSON-SÉKINÉ.
128. *Quand la conscience s'éveille*, d'A. DE MELLO.

129. *Les Fables d'Ésope*, de J. LACARRIÈRE.
130. *L'Esprit des arts martiaux*, d'A. COGNARD.
131. *Sans les animaux le monde ne serait pas humain*, de K.L. MATIGNON.
132. *L'Arc et la Flèche*, d'A. DE SOUZENELLE.
133. *Adieu, Babylone*, de N. KATTAN. Préface de M. TOURNIER.
134. *Le Gardien du feu*, de P. RABHI.
135. *La Prière parallèle*, de C. PAYSAN.
136. *Dieu a changé d'adresse*, d'O. VALLET.
137. *La Danse de la réalité*, d'A. JODOROWSKY.
138. *Le Courage de changer sa vie*, d'A. DUCROCQ.
139. *Le Maître de nô*, d'A. GODEL.
140. *Les Fleurs de soleil*, de S. WIESENTHAL.
141. *Khalil Gibran*, de J.-P. DAHDAH.
142. *Ces ondes qui tuent, ces ondes qui soignent*, de J.-P. LENTIN.
143. *Les Dix Commandements intérieurs*, d'Y. AMAR.
144. *Guérir l'esprit*, collectif avec J.-Y. LELOUP, F. SKALI, Lama D. TEUNDROUP.
145. *La Quête du sens*, ouvrage collectif.
146. *La Foi ou la nostalgie de l'admirable*, de B. VERGELY.
147. *Traversée en solitaire*, de M.-M. DAVY.
148. *Éloge de la fragilité*, de G. RINGLET.
149. *L'Échelle des anges*, d'A. JODOROWSKY.
150. *Petite grammaire de l'érotisme divin*, d'O. VALLET.
151. *La Troisième Voie*, de D.E. HARDING.
152. *Le Rire du tigre*, de M. DE SMEDT.
153. *L'Effort et la Grâce*, d'Yvan AMAR.
154. *Appel à l'amour*, d'A. DE MELLO.
155. *L'Homme intérieur et ses métamorphoses*, de M.-M. DAVY.
156. *Dictionnaire de la symbolique des rêves*, de G. ROMEY.
157. *Le Christianisme en accusation*, de R. RÉMOND et M. LEBOUCHER.
158. *Entre désir et renoncement*, M. de SOLEMNE avec J. KRISTEVA, R. MISRAHI, S. GERMAIN et D. RIMPOCHE.
159. *Sadhana, un chemin vers Dieu*, d'A. de Mello.
160. *L'Amour comme un défi*, de S. ROUGIER.
161. *Du bon usage de la vie*, de B. BESRET.
162. *La Grâce de solitude*, M. de SOLEMNE avec C. BOBIN, J.-M. BESNIER, J.-Y. LELOUP et Th. MONOD

Composition Nord Compo
Impression Bussière, janvier 2006
Editions Albin Michel
22, rue Huyghens, 75014 Paris
www.albin-michel.fr
ISBN 2-226-14918-X
ISSN 1147-3762
N° d'édition : 24016. – N° d'impression : 054798/1.
Dépôt légal : février 2006.
Imprimé en France.